课堂教学新样态丛书

丛书主编 杨四耕

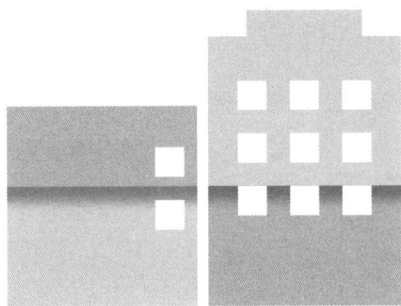

一百个孩子，一百个世界

基于差异的教学变革

吴庆琳◎主编

华东师范大学出版社

·上海·

图书在版编目(CIP)数据

一百个孩子，一百个世界：基于差异的教学变革/吴庆琳主编.—上海：华东师范大学出版社，2017
(课堂教学新样态丛书)
ISBN 978 - 7 - 5675 - 6754 - 2

Ⅰ.①一… Ⅱ.①吴… Ⅲ.①中小学−课堂教学−教学改革−研究 Ⅳ.①G632.421

中国版本图书馆 CIP 数据核字(2017)第 192127 号

课堂教学新样态丛书
一百个孩子，一百个世界
基于差异的教学变革

丛书主编　杨四耕
主　　编　吴庆琳
责任编辑　刘　佳
特约编辑　徐曙蕾
责任校对　陈晓红
封面设计　卢晓红
版式设计　刘怡霖

出版发行　华东师范大学出版社
社　　址　上海市中山北路 3663 号　邮编 200062
网　　址　www.ecnupress.com.cn
电　　话　021 - 60821666　行政传真 021 - 62572105
客服电话　021 - 62865537　门市(邮购)电话 021 - 62869887
地　　址　上海市中山北路 3663 号华东师范大学校内先锋路口
网　　店　http://hdsdcbs.tmall.com

印刷者　苏州美柯乐制版印务有限公司
开　　本　787毫米×1092毫米　1/16
印　　张　13
字　　数　201千字
版　　次　2017 年 10 月第 1 版
印　　次　2022 年 11 月第 3 次
书　　号　ISBN 978 - 7 - 5675 - 6754 - 2/G·10538
定　　价　42.00 元

出版人　王　焰

(如发现本版图书有印订质量问题，请寄回本社客服中心调换或电话 021 - 62865537 联系)

被重新定义的课堂

苏联教育家赞科夫在《教学与发展》一书中指出：课堂教学必须"使班上所有的学生都得到一般发展"。也就是说，课堂教学要引导学生在认知、情感、技能等方面发生整体改变，在思维方式、情感体验、思想境界、为人处世等维度发生实质性变化；课堂教学应释放出生命感、意义感、眷注感、智慧感、美妙感、意境感、期待感……

长久以来，我们的课堂特别重视知识传承，以致许多学生能从容应对考试，却在生活中显得无能。有一位德国专家说："你们的教科书比我们的教科书厚，你们的题目比我们的题目难，但是你们得买我们的货。"这句话给我们的教育敲响了警钟，值得每一个人思考：请给知识注入生命，用经验激活知识，用智慧建构知识，用情感丰富知识，用心灵感悟知识，用想象拓展知识，让知识变得鲜活，让孩子们领悟到生命的伟岸！课堂教学是思想与思想的碰撞，是心灵与心灵的相遇，是生命与生命的对话，让我们用热情去拥抱课堂——课堂是眷注生命的地方。

我们必须清醒：如果把揭示人生的意义看作是认识论的任务，我们就永远不可能把这个意义揭示出来，因为，知识的增长并不一定使生活变得完美。当认识、知识成了第一性的东西，情感和意志便成了奴仆。这样，一个人受的教育越多，他们的思想就越会被包裹在一层坚实的知识硬壳之中。其实，臻达人性完美需要"另一种"教学，这种教学与理解融合，教学本身即理解，理解本身即教学。教学是生命意义的澄明，使人不断地自我超越，"不停地'进入生活'，不停地变成一个人"。说白了，课堂里蕴涵着"人是什么"的答案。因此，在一般意义上，教学即对理解的自觉追求；在终极意义上，教学即理解。它们共同揭示了一个深刻的道理：课堂是善解人意的地方。

俄国教育学家乌申斯基曾经说过："教育的主要目的在于使学生获得幸福，不能为任何不相干的利益而牺牲这种幸福。"诺丁斯也提过："一种好的教育就应该极大地促进个人和集体的幸福。"课堂教学是师生双边活动，没有教师幸福地教，也就没有学生幸福地学。当老师和学生积极参与到课堂教学之中，让生命释放意义感，他们就能在丰富多彩的教学活动中成长，获得生命意义上的幸福感。幸福是人类的永恒情结，课堂教学不仅应给人高品位的精神生活，而且应给人高品位的幸福体验。从一定意义上说，课堂是守望幸福的地方。人的一生能否过得幸福，很大程度上取决于他今天在课堂生活中能否获得幸福。这或许就是课堂教学的深刻意义所在。

我们的课堂善用纪律规范行为，用训练规约思想，却漠视人的情感与独特感受，课堂因此没有了盎然的生气。课堂理应是春暖花开的地方，宁静，安全，温馨，轻松。在这里，有家的感觉，不用担心"万一说错了怎么办"，孩子们敢于说"我有不同的想法""老师，你讲错了"；在这里，孩子们不怕"露怯"，不怕"幼稚"，能道出困惑，能露出观点，能形成质疑；在这里，有诗情画意，有奇思妙想，有思维碰撞，有情景，有灵气，课堂因此有了一种奇妙的意境感。

课堂也是为放飞梦想而存在的。孩子们充满想象，面对这个世界，他们无拘无束，内心有太多美好的期待。他们渴望走向社会，走进自然。课堂是广袤的天地，上下五千年，纵横数万里，任你穿越。课堂中心、书本中心、教师中心，多么不堪一击！课堂教学要回归曾经远离了的生活世界，穿越时间隧道，把过去、现在、未来浓缩在一起，跨越空间的界碑，让孩子们享受人类文明的成果。由此，课堂是凝视梦想的地方，这里有未来，有远方，有充满张力的诗……

怀特海说："教育只有一个主题，那就是五彩缤纷的生活。但我们没有向学生展现生活这个独特的统一体，而是教他们代数、几何、科学、历史，却毫无结果；……以上这些能说代表了生活吗？"怀特海的观点是令人深思的：知识并不代表生活，生活需要智慧。很多时候，课堂与知识无关；课堂是一种态度、一种生活。有什么样的态度，就有什么样的生活。课堂教学的核心意义在于传递生活态度，让孩子们彻底明白：生命的厚度在于拥有静谧的时光，让心灵溢满宁静与幸福。这样，课堂教学有效性就能提高，课堂就不再是每一分钟都压得学生"喘不过气来"。无论如何，我们应该懂得，课堂是一个酝酿牵挂的地方。

派纳在《健全、疯狂与学校》一文的结语中说："我们毕业了，拿到了证书却没有清醒的头脑，知识渊博却只拥有人类可能性的碎片。"这多么令人深思啊！当人的需要、价值、情感被淹没在单纯的知识目标之中，生命感在这里便荡然无存。将课堂教学视为纯粹的认识活动，片面发展人的认识能力，看不到人的整体"形象"，特别是作为"在场的人"的"整体形象"被抽象；放眼世界，人之精神远遁，迷失于庞大的"静止结构"，这便是"教学认识论"的"悲剧范畴"。其实，课堂是一个意义时空，教学即谈心，学习即交心。当我们真正把学生看作活生生的人，就会发现：原来，课堂是点亮心灵的地方。

课堂教学是富含智慧和艺术的活动。只有把教师的主导性和学生的主动性都激发出来，才能算作真正的课堂教学。说白了，课堂是智慧碰撞的地方。课堂教学要善于抓住转瞬即逝的思维亮点，促成智性的提升和灵性的妙悟。如何围绕教学目标，理清教学思路，选用教学方法，驾驭教学机制，促进孩子们智性跃迁与灵性发展？如果我们只是单纯地传授知识，教师拼命讲，学生认真听、被动地接受，长此以往，学生的大脑便会"格式化"，发展便得不到真正的保障，他们只能在大脑中形成直线型知识反馈通路，无法呈现富有生命情愫的、饱满的人的形象！

对于课堂，我们可以有无穷的定义。一位哲人曾经说过："一种文化首先意味着一种眼光"，"眼光不同，对所有事情的理解就不同"。当课堂被重新定义的时候，当我们真切地回归课堂教学人文立场的时候，检视课堂教学的"眼光"便有了新的角度，课堂教学便有了新的样态。

杨四耕

2022 年 3 月 8 日于上海市教育科学研究院

目 录

给每个人平等的机会,并不是指名义上的平等,即对每一个人一视同仁,如目前许多人所认为的那样。机会平等是要肯定每一个人都能受到适当的教育,而且这种教育的进度和方法是适合个人特点的。

在基础学校,时间应该为学习服务。我们特别建议,每个课堂里的教师可以自由调整课时,只要求他对教学结果负责,而不要跟着时钟转。

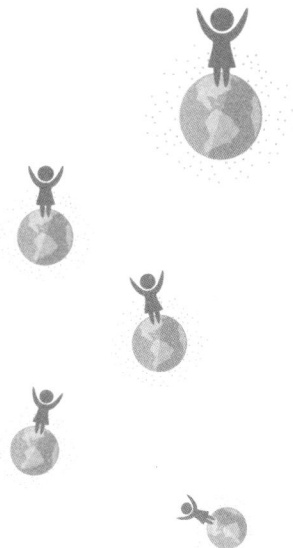

第三章　有一种兴趣与年龄无关

把人根据年龄分隔开来是一件非常冷酷而又不符合人性的事情,对于儿童也是这样。这样也就会打断社会生活之间的联系,使人与人之间无法互相学习。绝大多数学校首先根据性别,然后根据年龄进行分班,这是一个非常大的错误,而且是很多罪恶的根源。

第四章　走进没有分科的真实世界

我们要解放小孩子的空间,让他们去接触大自然中的花草、树木、青山、绿水、日月、星辰以及大社会中之士、农、工、商、三教九流,自由地对宇宙发问,与万物为友,并且向中外古今三百六十行学习。

第五章　逼近孩子们的"最近发展区"

请记住:没有也不可能有抽象的学生……教学与教育的技巧和艺术就在于,要使每一个儿童的力量和可能性发挥出来,使他享受到脑力劳动中成功的乐趣。这就是说,在学习中,无论就脑力劳动的内容,还是就所需的时间来说,都应当采取个别对待的态度。

第六章　创造一间"魔法教室"

现在,我们教育中所引起的改变是重心的转移。这是一种变革,这是一种革命,这是和哥白尼把天文学的中心从地球转到太阳一样的那种革命。这里儿童变成了太阳,而教育的一切措施则须围绕着它转动。儿童是中心,教育的措施便围绕他而组织起来。

前言 每一个孩子都是一个宇宙

孩子是自然之母赠送给人类的"杰作",是充满活力的、精力充沛的、能动的、无限的"自然存在物"。每个孩子的身上都潜藏着他独特的精神、心灵和智慧的力量,都蕴藏着大自然赋予的无穷潜力。每个孩子都是一个宇宙,这是一个独一无二的,需要我们成人怀着敬畏之心去认识和理解的宇宙。然而,我们常常只观其表面,而不顾其本质,在爱和教育等善意的名义下追求着那些表面东西,对各不相同的孩子实施着几乎相同的教育。尤其可怕的是,我们用一种"标准化"的要求迫使所有的孩子们(同一学校的、同一班级的)达到预设的要求,这往往使孩子的世界充满了失望。教育的最终目的是培养有活力、有个性的人,而不是统一规格的机器。"良好教育"应当就是适合"每一个孩子发展"的教育;应当就是能够直面有差异的生命的教育;应当就是能够对不同的生命给予不一样的呵护和引领的教育;也应当就是能够促成每一个不同的生命实现有差异的最佳发展的教育。

每个孩子的独一无二,既是教育的起点,也是教育的终点。不管他多么聪明或愚钝,都是不可替代的存在。对教师而言,就是要去爱每个孩子那永不可重复的生命,爱的方式就是不知疲倦地发现、珍视,并通过适合他的教育方式成全或造就他们的独一无二。我们要坚定"一个也不能少"的信念,始终相信每一朵花都有盛开的理由,采用个别化的教学方式,真切地关照每一个孩子,以用 50 种方法

1

去教一个孩子的耐心与信心，静待花开的美丽。

时间是孩子的财富。在基础学校，时间应该为孩子的学习和发展服务，然而，现实中孩子的学习时间被割裂了，而且已在束缚着学习：一些学习活动往往因为每节课的"时间关系"戛然而止、意犹未尽；而在另外一些年级或学科，孩子已是"兴味索然"，但教师仍在"喋喋不休"。谁规定的一节课只能40分钟？以学习为中心的课时重构让我们重新设定时钟，长课、短课皆相宜，课堂可以"短平快"，也可以有不纠结的"长课时"。

孩子的真实世界是混合性的、千姿百态的，在学习上，年龄的大小并不决定一切。把孩子按照年龄分隔开来是一件非常冷酷而又不符合人性的事情，使得孩子之间无法互相学习。有一种兴趣与年龄无关，"混龄走班教学"改变了传统的阅读指导和学习方式，让志同道合的师生走到了一起，大有"相见恨晚"之感。灵活选择的主题阅读充分尊重了孩子的差异需求，为孩子提供了最充分的可能性。异龄互动、生生合作的切磋与交流，让孩子们真正投入其中，收获不一样的阅读体验，使阅读真正成为一件乐事。

教育应该存在于孩子生活的每个瞬间。适应差异的教学不仅仅只体现在教学形式上，还应体现在内容维度上。我们不能整天把孩子禁锢在书本上、禁锢在屋子里，我们要解放孩子的头脑、双手、双脚、空间、时间，使他们充分得到自由的生活，从自由的生活中得到真正的教育。突破泾渭分明的"学科"限制，让整个世界都成为孩子的教室，用行走的、立体的、多维的学习内容来丰富孩子的学习经历，使他们通过多彩的生活体验和个性化的创造来丰富人生的内涵和生命的质地，为他们成长为一个完整的人奠定良好的基础。

没有也不可能有抽象的孩子。可以把教学和教育的所有规律都机械地运用到他身上的那种抽象的孩子是不存在的。也不存在什么对所有孩子都一律适用的、在学习上取得成就的先决条件。学习上的成就这个概念本身就是一种相对的东西：对一个孩子来说，"五分"是成就的标志，而对另一个孩子来说，"三分"就是了不起的成就。因此，教师要善于确定：每一个孩子在此刻能够做到什么程度，他的"最近发展区"到底在哪里，如何才能使他的智力得到进一步的发展。实施"分层走班教学"，逼近孩子们的"最近发展区"，设置适当的带有挑战性的学习任务，使每一个孩子的力量和可能性发挥出来，让所有孩子都能享受阳光雨露，体验到成功的乐趣。

孩子是学习的主体。每一个孩子的心灵都有它自己的形式，必须按它的形式去指导他,必须通过这种形式而不是通过其他形式去教育,才能使你对他花费的苦心取得成效。适合他自己的就是最好的,以他自己喜欢的方式学习才是最重要的。教师要"蹲下来",从孩子的视角出发,创造对孩子有吸引力的、适合他的学习方式,努力让每一个孩子不成为学习的"旁观者",支持每一个孩子的个性化学习,促进每一个孩子的个性化成长。

正如法国启蒙思想家、教育家卢梭所说:"在万物的秩序中,人类有他的地位;在人生的秩序中,童年有他的地位;应当把成人看作成人,把孩子看作孩子。"孩子的价值、权利、天性是教育的出发点,教育的真正魅力在于因势利导,促进孩子的自然天性遵循它固有的方式发展,从而使每一个孩子都能够以适合自身特点的方式创造属于自己的多彩世界和神奇宇宙。

给每个人平等的机会，并不是指名义上的平等，即对每一个人一视同仁，如目前许多人所认为的那样。机会平等是要肯定每一个人都能受到适当的教育，而且这种教育的进度和方法是适合个人特点的。

——《学会生存——教育世界的今天和明天》

我们所说的教育公正，就是为每一个受教育者提供与其成长和发展相适应的学习权利，因此，受教育者的成长过程就是学习权利获得的过程。随着上海市义务教育普及率的不断提高，素质教育的全面推进和深入开展，教育公正成为社会关注的热点话题。今天，面向全体学生，兼顾差异，促进学生全面发展的教育体系正在形成。

第一节　真切关照每一个孩子

个别化教学是教育改革中非常活跃的领域之一。它是一种策略，是植根在对学生个性尊重的基础上，变以教材、教师为中心的教育为以学生为中心、真切关照每一个孩子的教育。个别化教学注重个别差异，促进主动学习，启发自我创造，实现潜能开发、个性发展，达到人尽其才。

个别化教学并非"无源之水"，事实上它由来已久。在中国几千年封建社会的教育历程中，个别化教学是教育的主要形式，孔子就是个别化教育的先驱，主张根据学生的个体差异"因材施教"。西方国家亦然，古希腊教育家苏格拉底的"精神助产术"主张教无定时、教无定法的组织形式，也体现了个别化教学自由、开放的原则。尽管第二次工业革命时期"班级授课制"的出现，在一定程度上大大提高了教学效率，但它并没有一劳永逸地解决所有的教育问题，反而因为它没有考虑到学生个体之间的差异性特点而日益遭到质疑。由此，"个别化教学"的概念被正式提出，并很快受到了重视。随着教育理念的更新，教学的中心开始由"教"向"学"转变，学校教育便逐步努力达成以教育公正观为指导,实施充分兼顾被教育者个体之间的差异性和独特性的个别化教学。

一、个别化教学的意蕴

从个别化教学的概念,我们能够认识到,它必须立足于三点:首先,它以适应个别差异,满足教育需要为目的;其次,它以系统地设计、安排、措施为手段;第三,它以最大程度的"个别化"实现个性发展为目标。

儿童的个体内和个体间差异是一个客观存在的事实,教育的任务不是抹杀这种差异,而是适应这种差异从而使人得到充分的发展。个别化教学是在充分了解学生个别差异的基础上,教师运用教育智慧进行因材施教,使每个学生都能获得成功的一种教育模式。它的实质是满足特殊教育需要,实现个性发展的手段和途径。它存在以下意蕴:一是主张尊重人,尊重人的个性,满足特殊个体的特殊教育需求;二是强调发现、珍惜、发掘受教育者的良好个性潜能和优势,反对教育上的平均主义、划一模式;三是强调以良好个性影响个性,尤其提倡教师要以自身良好的道德个性、审美个性和行为个性在日常教育中潜移默化地影响学生。

二、个别化教学的价值

影响人的身心发展的因素有很多,其中最主要的有遗传、环境和教育等。人与人之间的遗传、环境各异,接受的教育不同,因此,人与人之间的差异是客观存在的,而作为特殊教育对象学生的发展情况、问题表现等更是千差万别。实施个别化教学首先以承认个体之间的差异为前提,在此基础上,使不同发展水平的学生都能获得最大程度的发展,使学生个体体验到成就感,保护他们学习生活的积极性与主动性,增加生活中的正能量,对学生形成自信、积极、和谐的健康心理品质以及培养他们的可持续发展能力都将起到重大的作用。实施个别化教学,关注学生个体微观层面的发展,体现了以人为本的哲学思想,不仅仅从个体方面,而且从整个和谐社会的建设与维护方面来说,也将起到很大的作用,毕竟社会是由个人组成的,社会要稳定发展,必须建立在每个人的全面和谐发展的基础上。

（一）有助于学生个性的发展

美国教育学家杜威提出：教育应该满足儿童独特个性的需要。心理学有关儿童心理研究的成果也认为应该更多关注学生的个性，舍弃原本的不顾儿童身心发展特点的教学方式。再看我们所处的社会现状，社会不再只是需要机械劳动者，而更多需要创新者以及创造者。社会需要多样化的成员，需要有独特个性的人。同样，学校教育不能仅限于基本知识技能的教授，应该要促进学生全面的、有个性的发展，而个别化教学有助于培养有个性的学生。

土地宽容了种子，才拥有了收获；大海宽容了江河，才拥有了浩瀚；天空宽容了云朵，才拥有了彩霞；人生宽容了遗憾，才拥有了未来。宽容意味着承认儿童的差异，承认儿童的未完成状态。教育是一个通向最终目的的"成长"过程，或者说"发展"过程，这个最终目的被表述为"人的潜能的充分发展"。个别化教学是一种宽容的教育，正因为有了这种宽容，才能够接纳各种各样的可能性，才能够在教育的过程中促成学生个性的发展。

（二）有助于提高教学的有效性

班级授课制无疑是当前和未来很长一段时期内最主要的一种教学方式，它的高效化的特点的确为促进义务教育的完成、提高人口素质起到了非常积极的作用，但它存在固有的缺点，即没有关注到学生的个性特点，这方面也是不容忽视的，需要改革和不断完善。"一对一"的"个别教学"，其有效性是可以做到极致的，但需要投入的成本太高，在当下的社会实际中不可能实现。而个别化教学是在群体教学的条件下适应并注意个体发展的教学，对教育改革不仅具有理论价值，而且有实践意义。因为它是吸收了集体教学与个别教学的长处，把两者有机地糅合在一起的创造性教学。这无疑是一种提高课堂教学效益、促进学生发展的有效的教学手段。

（三）有助于实现教育公平

教育公平在现代社会中受到人们的普遍关注和重视，但我们所说的教育公正不仅仅是形式上的平等，而是尊重每个人的权利，按照每个人发展的差异，给予合适的、应得的发展资源，促进每个人实现最大发展的教育。加德纳认为，在实际生活中个体所表现出来的智力是多种多样的，"如果过去千年带给人类的是民主，那么，现在这个千年将给我们带来的是更大的个别化"。因此，不能用一种评价标准衡量所有的学生。

只有承认人的多样性和个别性,才能在这个基础上实施个别化教学,真正以人为本,体现人的独特性,从个体的差异出发,最大程度地去实现每个人的权利,发展每个人应有的潜能。这其实也是教育公正所要达到的真正目的。

(四)有助于摆脱现有的教育困境

针对现代教育中不断涌现的各种问题,诸如师生关系僵化、教学评价单一化等等,单纯靠改变教学过程中的某一个要素是很难摆脱这些教育困境的,而实施个别化教学却是一条有效的途径,它可以帮助克服班级授课制中出现的忽视个体差异这一弊端,将个别化教学与班级教学融合在一起,实现这两项的优势互补,可以重构民主、良好乃至于互动的师生关系,使教学过程得以顺利开展。采用多元的教学评价方法,能更客观、更真实地反映学生的实际水平,也为教师采取相应的教学手段和方法提供了可参考的客观依据,从而真正促进学生个体的发展,而不是单纯局限在升学的要求和目的上。

三、个别化教学的基本策略

个别化课堂教学策略是指为了达到某种预定效果所采取的教学环节、教学方法等多种教学行为的综合方案,是个别化课堂教学的基本策略,也是课堂教学设计的中心环节。其作用在于:根据个别化教学的需要,制定出向学生提供教学内容,以及引导其活动的方式、方法与步骤的策略。

(一)建立和谐的师生关系

师生关系可以说是学生生活环境中极为重要的组成部分,和谐的师生关系能为学生的安全需要、爱的需要、归属的需要以及尊重的需要提供必要的满足。在这些基本的需要得到满足的情况下,学生才能亲其师而信其教。尊重学生的差异则是在实施个别化教学的过程中建立和谐师生关系的出发点。教师要尊重个别化教学的学生,特别是特殊学生,要学会宽容和接纳。这份宽容发自内心深处,为他们提供充分表达自己的机会以及空间,只有这样,才能进行有针对性的教育。对于学生表现出的特殊行为或方式,老师更应该予以理解和宽容,使其在宽松自由的环境中得以发展,真正做到对其人格的尊重。

（二）提供可选择的学习任务

考虑到学生的实际情况和具体差异，在个别化教学实施中，要求教师能根据不同的课程内容以及教学方式，为学生提供可选择的学习任务，学生可根据自己的真实能力来选择自己预期达到的目标，教师要尊重学生的意愿。值得一提的是，学生学习的内容不能脱离教师的计划和安排，只是学生对于各种具体的学习活动有选择的自由。

（三）采用多元化的教学评价方式

教学评价指的是对教学活动中的教师、学生两个因素及其相互关系进行客观、综合和全面的评价。教学评价既是教学活动的逻辑终点，也是新的教学活动的行为起点。在个别化教学的实施中，评价标准和方式应当是多元化的。它不仅包括知识技能，还包括情感、态度和价值观等。例如：教师可以在教学的过程中，采用成长记录袋的方式，通过系统收集学生的各项作业或是作品来反映其学业水平的变化情况。在成长记录中，需要学生全程参与，提供作品、评分、总结、反馈等。这一过程强调被评价者也是评价者，这样的评价有助于促进学生能力的提升。为了让评价既成为教学质量的反馈、教学调控的依据，又使其充分发挥激励、导向功能，促进学生能力的提高与发展，我们要注意以下操作要点：

1. 即时评价：课堂上的面批、指导，及时指出错误，帮助改正。

2. 分层评价：同一内容，不同层次学生，评价方法、标准应有层次。

3. 自我评价：让学生尝试自我评价，通过评价进行反思，获得进步。

4. 交互评价：师生之间、生生之间都可以有交互评价，形成人际交往、有效沟通的生动局面。

（四）选择合理的教学组织形式

教学组织形式必须综合考虑学生、教师、课程和其他各种外部因素，个别化教学亦是如此，它的形式呈现多样化的特点。教师应当合理地选择适合的方式来组织自己的教学。例如：根据教学内容的不同，或是依据学习水平，类似的兴趣爱好，相仿的学习方法，不同的能力等，在同一个教学过程中，采用不同的分组方式，实现多种个别化教学的组织形式的相互配合，以达成教学目标。

第二节　一个也不能少

我校是一所九年一贯制学校，2007 年正式转变为公办体制学校。学校体制的变化更带来了招生选择权的变化——由生源的择优录取变为所有片块内适龄儿童无条件录取。由此，招收的学生中体现出明显的个体素质的差异性。学生除了在学前教育水平、学习态度、学习风格、学习动机等方面存在不同外，他们在身心发展水平上也体现出惊人的差异。这种惊人的差异性，成为学校教育中不可逾越的鸿沟。对于"特殊需要学生"而言，班级授课制远远不能满足他们的需求，必须采取更加个性化的方式帮助他们进行有效的学习与发展。

我们秉持"尊重差异，一个也不能少"的教育理念，通过实施个别教育计划（IEP）来满足他们的特殊需要。教师根据"特殊需要学生"的实际情况，量身定制各种与他们的特殊要求和学习方式相适应的教学，以满足他们的个别化发展需求。

一、IEP 的理念与意义

个别教育计划（Individual Education Program，简称 IEP）又译为"个别化教育方案"。个别教育计划是特殊教育的基石。它规划和指导一个特殊学生在学校接受的特殊教育的方方面面，描述了学生的教育需要，确定了学生要达到的教育目标，规划了学生的教育安置形式，明确了学生的教学进程和进步的评价标准。实质上，个别教育计划既是特殊儿童教育和身心全面发展的一个总体构想，又是针对他们进行教育教学工作的指南性文件。20 世纪 70 年代以后，为所有接受特殊教育的学生制订个别教育计划逐渐在世界各国推广，使得成千上万的特殊教育需要儿童从中获益。

（一）充分体现因材施教原则

个别教育计划充分体现了因材施教原则。特殊儿童与正常儿童相比，在智力、身体、感官上都可能存在较大的差异，但这种差异并不妨碍其达成充分发展的目标。只是在发展过程中，特殊儿童或许会经历不同的发展速度、经历较多的身心障碍和学习困难,因此必须根据其身心特点,设计适合其发展速度和水平的教育内容、方法和手段。这就是因材施教原则在个别教育计划中的体现。

（二）保障随班就读学生受益

随班就读是特殊儿童在普通学校中接受特殊教育的一种形式,既然是特殊教育,就应该有特殊的方法和手段,个别教育计划便是这种方法和手段的最佳载体。随班就读学生与正常学生在学业上存在着较大的差距,依据正常学生发展水平实施的课堂教学很难照顾到这些特殊儿童的需要,很多随班就读学生因为课堂上没有适合他们学习的内容和形式而对课堂教学失去了兴趣。在这种情况下,要保障随班就读儿童能在教学中真正受益,必须在课堂教学中根据随班就读学生的发展水平安排适合他的教学内容和形式,同时在课堂外为补偿其缺陷安排特别的辅导,在普通教育的组织、措施方法或教材、教具之外,增加一些能够帮助就读学生学习的措施和方法。个别教育计划的教育内容、形式、进度、目标是按个别儿童发育上的需要而定,保障了随班就读儿童在教学中受益。

（三）导向个性化教育模式

由于实施了个别教育计划,普通班的教师必须在课堂中考虑不同的教育需求,这就对传统的以统一教材、统一要求、统一进度、统一考核为基础的班级授课制提出了挑战,迫使教师思考和采纳新的教育模式以提高课堂教学效益。随着素质教育的不断深入,人们越来越多地认识到每个儿童都是特殊的,他们具有个体间差异和个体内差异。儿童各个不同,而且一个儿童所具备的几种能力中也有强势、弱势之分。只要教育实施时能尊重儿童的个别差异,遵循儿童发育规律来制定教学方案,每个儿童的潜能便能得到良好的发展。每个儿童都有能力学习。个别教育计划的实施,为教师了解每位学生的教育需要提供了工具和基础,为发展和满足儿童差异需要的个性化教育铺平了道路。

我们相信个别化教育的研究与实施,有利于更有针对性地促进"特殊需要学生"的个体化发展以及全体学生的共同健康成长,有利于学校教育管理制度的完善以及教师育德能力的提高。且"特殊需要学生"在各所学校具有一定的普遍性与棘手性,通过个别化教育实践研究提出建设性及可操作性的措施和建议,对解决这一问题也有所裨益。

二、IEP 的操作要点

（一）确定"一个也不能少"的教育理念

"特殊需要学生"是学生中的弱势群体，相对普通学生而言，他们数量不大，却问题良多。他们的发展与管理，首先就受到现实的制约。教育管理者需要自我叩问一个现实的问题：学校是否愿意在他们身上花钱、花时间、花力气？很多人给出了质疑的答案：没有经费、没有资源教室、没有立法支持、没有专业教师、没有保证收益等等。但如果教育管理者本着"学生发展"为第一要义，本着"一个也不能少"的原则，那么我们总是能为他们做点什么。没有经费，我们可以申请经费，控制开支；没有资源教室，我们可以试着创建；没有立法支持，我们可以尝试着先弄清问题，理清工作思路，呼吁社会，呼唤法制；没有专业教师，我们可以引进人才，加强学习；没有保证收益，我们可以看到每个学生在自身的发展轨迹上有所前进那就是最大的收获……

在"特殊学生"的教育上，学校需要敢于尝试。

从简入难，在现实条件不成熟的前提下，学校方面至少可以为"特殊需要学生"尝试做到以下几点：

第一，关注学生，尊重差异，为"特殊需要学生"正名。关注每一位学生的发展，在学生遇到发展问题时，教育管理者需要仔细分辨，小心鉴别。在没有充分的证据证明之前，不要轻易为他们贴上不应有的标签。学校可以借助相关医疗机构、咨询机构和专家的力量，也可以组织教师进行相关知识的学习。同时也要保持一颗警惕之心，谨防因为疏忽而使"特殊需要学生"的发现被延迟、延误。当"特殊需要学生"被确定以后，教育管理者需要用更为"关爱"的眼睛关注他们，尊重、理解他们的差异性，寻找适宜他们发展的节奏与步子。为"特殊需要学生"正名，既可以减轻"特殊需要学生"的压力，也可以使教育管理者明确工作的方向，减少无效管理的成本。

第二，为"特殊需要学生"打造个别化教育计划。量身打造教育计划，可以提高管理的针对性与实效性，减低无效管理的风险与无为管理的可能性。

第三，保证"特殊需要学生"的个别化计划的实施，并持久地关注和反思评估管理的成效，建立相关制度体系，保证教育管理计划实施的每一步运作，并通过评估体系，督查反思教育管理计划的成效并加以及时调整。使管理从无序走向有序，从偶然走向常态。

作为教育者管理者，应该做到正视问题而不是躲避问题，解决问题而不是应付问题，在问题发生的萌芽期干预问题而不是推向社会激化问题。作为一名教育者及学生的管理者，我们认为管理者们帮助"特殊需要学生"应该是责无旁贷的，"一个也不能少"。

（二）操作流程与计划执行流程

个别教育计划流程对于个别化教育的顺利实施有着至关重要的作用。其中，学校管理者及操作者需要明确每一个步骤的主要责任人、主要责任内容及上下的工作层级关系。

第一步：操作流程。

个别化教育的一级责任人为班主任，班主任通过班级管理中对学生的观察，根据教师培训中有关特殊学生的专业知识，初步分类评估班级中的特殊学生。填写个别化教育学生情况分析表，提交学校专家组（二级责任人）。学校专家组包括：学校德育教师、学校心理教师、学校骨干学科教师。根据特殊学生的不同情况，由学校专家组共同评估学生情况，填写校内专家个别化教育学生情况复核意见表。复核不通过，即不符合特殊需要学生标准，而是属于普通学生，则返回班级教育，并由校内专家组给出教育建议与教育指导。复核通过，如情况严重，则与家长协调沟通后，转介专业医疗机构（三级责任人）；如情况为中轻度，则确定为学校个别化教育学生，与家长协调沟通后，开展个别化教育。

第二步：个别化教育执行流程。

个别化教育执行流程，责任人为个别化教育小组，该小组由班主任、任课教师、德育老师、心理教师及学校分管领导组成。该小组负责为学校个别化教育学生制定个别化教育计划方案。第一，确定个别化教育方案。个别化计划方案菜单包括：班级管理计划、个别化教育课表、个别化课程设计、心理辅导计划、德育辅导计划。班主任完成个别化教育班级管理计划；任课教师完成个别化教育课表及课程设计；心理教师完成个别化教育心理辅导计划；德育教师完成个别化教育德育计划。根据特殊需要学生的不同情况，选择不同的个别化教育方案菜单，并由校外教育及心理专家，定期督导学校个别化教育方案。第二，实施个别教育计划方案。第三，个别化教育方案实施反馈。由相关方案负责教师填写个别化教育情况反馈跟踪表。实施效果良好，则持续推进；

实施效果不佳,则个别化教育小组召开会议,改进个别化教育方案。第四,个别化教育改进方案再实施。第五,完成资料整理及工作小结反思。

（三）多项实施方案工具选择：个别化教育计划方案

个别教育计划实施方案是该计划能否成功的关键。为了使教师能够更加明确自己的工作辅导方向,相关负责教师可以选择以下工具对个别化教育进行参考操作,包括：个别化小组辅导表、个别化学生学业情况与分析表、个别化学生教学策略表、个别化辅导资源表、个别化学业辅导跟踪情况表、个别化学业辅导评估表。

三、"不知道小姐"的个别教育计划

二年级(1)班的娜娜(化名),在智力发展水平上明显落后于同年龄学生,她的口头禅经常是"不知道"。经过测评(WISC - R),语言 IQ：59,操作 IQ：65,总 IQ：59,SM "边缘",但娜娜在其他的生活领域并无明显异常。在普通的班级教育中娜娜不能得到适合其发展的教育,我们试图通过抽离式个别化教育来弥补其中的缺陷。

［个案观察 1：我不知道我听不听得懂］

教室前排坐着一个小姑娘,她就是娜娜。她瞪着一双无辜的眼睛,上课的时候有时仔细地看着老师,有时发呆,有时摆弄自己的文具。大部分时间,课堂上她都能安静地坐着完成听课。可是做练习的时候,就什么也不会。一节课结束后,老师问："娜娜,你听懂了吗?"娜娜不置可否地点点头。老师又问："娜娜,你知道老师问你哪里听懂了吗?"娜娜摇摇手。老师又问："娜娜,你是没听懂还是不知道老师问什么?""不知道。"娜娜答。老师重复问了一遍："今天课上的内容你听懂了吗?"娜娜说："不知道。"

1. 娜娜的基本情况

（1）基本资料

娜娜,女,8 岁,计划实施时间 2011—2012 年。个案来源：由班主任个别化教育评估情况表反馈、推荐，经由个别化教育小组复核通过。

（2）主要问题概述

娜娜各科成绩均严重落后于班级水平，认知发展水平较差。

（3）家庭及学校情况

娜娜的主要家庭成员，包括父亲（约40岁）、母亲（离异，其他不详）、哥哥（龙凤胎，跟母亲生活）。现生活中主要教养及监护人为奶奶（75岁）、爷爷（80岁）。娜娜为龙凤胎中的妹妹，孕36周为早产儿。据老人说产下后有抢救史，服用过"周尔苏"；母亲在怀孕期间有吸毒史。娜娜3—6岁在华纺幼儿园就读，进入小学前不会拼音，汉字仅认识5个，10以内加减法几乎不会。语言表达力很差，理解能力几乎为零，只能进行最简单的口语交流，生活常识十分匮乏。

娜娜主要由两位老人抚养，老人觉得孩子有"多动症"，后在上海市长征医院就诊，并服用"择思达胶囊"，据老人说到2012年已经服用近一年。

入学2年来，娜娜与同龄孩子的差距日渐明显，课堂中无法参与学习，课后无法完成基础课程的作业，唯有唱游课还能跟着大家唱唱。

娜娜在父母离异后跟父亲生活。父亲在娜娜入学后刚从监狱释放（已经第2次）。父亲在家的时间较少，偶尔在家，对娜娜的教育也较为粗暴，缺乏耐心。娜娜的生活与教育问题主要由奶奶和爷爷承担。

娜娜就读学校为上海市新优质学校，学习氛围良好，同学友爱，师生关系融洽。教师耐心且富有爱心。

2. 娜娜的学校评估情况

（1）班级观察反馈

班主任认为，娜娜学习动机低，认知水平差，各科学业表现不良，学业成绩处于班级和年级最后水平。但在班级中无明显行为问题。

同学们认为，娜娜比较"笨"，但和同学们尚能相处融洽。

（2）学校心理咨询室访谈情况

关于活动与兴趣：娜娜喜欢看书（例如，漫画《小魔仙》）。喜欢的体育运动有跳绳、跑步、早操。喜欢看的电视节目为新闻。每天晚上看20分钟《喜羊羊与灰太狼》。但不清楚自己的爱好，将爱好与可以做的事情混淆。

关于友谊和同伴关系：娜娜有5个好朋友，喜欢和同学在一起玩耍。没有交友及情绪困难。在人际交往方面表现较好。

关于家庭条件和家庭关系：娜娜不理解常识与规则的区别。对于事情的结果不能进行预想。对家庭成员间关系的理解停留于表面，情感体验力薄弱。

关于自我意识和情感：娜娜没有明确的自我意识及情感要求。

（3）专业医疗机构诊断及治疗情况

2010年10月，在上海市儿童保健所进行智力测评（WISC - R），语言IQ：59，操作IQ：65，IQ：59，SM：边缘。

2011年，在上海市长征医院就诊，并服用"择思达胶囊"近一年。

（4）其他可能的相关影响因素

娜娜早产、孕期母亲吸毒史及出生时缺氧等，可能影响其部分脑功能发育。在早期家庭教育方面，该生家庭为不健全家庭结构，父母离异，由老人带大。学前教育几乎为零，入学时，连很多常识都不能识别。入学后，家长也未认识到该生智力薄弱的问题。在早期治疗方面，进行过多动症的治疗，但治疗诊断与效果并不乐观。

（5）校内专家组评估意见

权威医疗机构的检测结果显示，该生与正常学生相比存在一定的智力差距，但并不影响日常人际交流，在各科学习上存在学习困难的问题。

在语言表达方面：该生语言表达功能基本完好，可以理解别人说话的表层含义，但深层含义理解能力欠缺。比如：在问及喜欢做的事情和不喜欢做的事情时，其回答会出现前后矛盾的现象。会混淆喜欢的事情与会做的事情。在不知道的时候会表达"不要、不是"，不能明显表示"我不知道"。

在行为表现方面：无明显行为问题表现。反应较慢，可集中注意力，但不持久。

在思想发展方面：不能准确表达自己的想法。思想水平低于该年龄段学生的平均水平。

评估结果：通过教师的个别化辅导，尝试推动该生在原有学习水平上有所提高。

3. 个别化辅导策略

经过综合评估，将该生列入学校"特殊需要学生"管理体系，由于该生未得到权威医疗机构的权威诊断，我们将其列入学校"特殊需要学生"——"智力残障"序列。

（1）整体策略

根据娜娜的情况，须采用综合性个别化辅导对策。从娜娜本人来说，以寻找适合其发展的个别化教学策略为主。从学校教育来说，应从教师教育理念调整及对其教育管理的技巧提升入手。从家庭教育来说，应从引导家庭进行正确的家庭教育入手。从外界的支持来说，应继续寻求相关专业支持，以持续而有效的干预为主。

（2）我们的尝试

第一步：个案情况了解、搜集与列入学校"特殊需要学生"管理体系；

第二步：个别化教育小组的建立；

第三步：个别化教育方案的形成；

第四步：个别化教育方案的实施与调整；

第五步：个别化辅导的持续。

（3）行动与效果

以往，对于像娜娜这样低智力发展水平的孩子，教师在一个长时段的教学努力后，长久的教学成效的缺失，最终会使教师做出一个现实的选择，或"放弃"，或"嫌弃"。这既是一种无奈之举，也是一种自我教育责任的卸下。而今，在随班就读政策的大背景下，即使是普通学校，对于这类学生也必须承担起对其行之有效的教育责任。在个别化教育的推进中，教师逐渐转变了教育理念，"不放弃、不嫌弃"成为他们的教育共识。而随着为娜娜量身定做的个别化教育行动的展开，教师们坚信，虽然娜娜的学业发展节奏比同龄学生缓慢，但她仍然能够在一定程度上有所进步。教师们放慢了对她的教学节奏，却跟上了她的自我发展速度。

针对娜娜的个别化教育以转变教师的教学行为为核心。教师们为娜娜制定了个别化教育课表，在考试学科上将她从班级教学团体中抽离出来，由语数外教师为她进行交叉式个别化辅导。根据她的学习接受程度与成效决定教学进度。此外，教师们通过改变教学目标、降低教学难度、转变教学方法等多种尝试，不断寻求对其发展有效的个别化辅导手段。这样既不使娜娜完全脱离班级团体，又不妨碍其非智力水平上的能力发展，并使她的每节课教学达到个人发展的最大化。

四、"非常天才"的个别教育计划

六年级(1)班的阿伟(化名)表现出自闭症亚型的倾向,在情绪控制、情感交流、人际交往等方面明显异于普通学生,但在智商水平及某些学科的表现上又反映出高功能性。老师们戏称其为"非常天才"。

[个案观察2：我有我的程序]

新的一节课又开始了。教师走进教室,打开电脑与课件,准备上课。阿伟突然从座位上站了起来,走到讲台前,啪啪啪关掉了电脑。然后,他又逐一打开电脑、打开课件,对老师大声说道:"好了,可以用了。"

课间,一群女同学互相嬉笑着,阿伟突然抓住一个女同学的头发,拉掉了女同学的发绳,女生害怕地跑去告诉班主任。

办公室里,班主任询问阿伟:"上课时,为什么要关掉老师已经打开的电脑,再重新打开? 下课时,为什么要拉掉女同学头上的发绳?"

阿伟理直气壮地说:"我是班级的电脑管理员,电脑只能由我来管,老师也不能开,应该我来开……我也不知道为什么要拉掉她的发绳,当时我只是突然很想看她头发披下来的样子,上学期她都不扎辫子,很好看。这学期,扎起来不好看……"

语文作文里,阿伟写道:"……我觉得我就像是电脑里写好的程序,必须按程序运行……"

1. 阿伟的基本情况

(1) 基本资料

阿伟,男,12 岁(2000 年 10 月生),计划实施时间 2011—2012 年。个案来源:由班主任个别化教育评估情况表反馈、推荐,经由个别化教育小组复核通过。

(2) 主要问题概述

刻板行为:阿伟负责开关班级电脑,必须按照他的流程进行,不能有丝毫差错;以自我为中心，生活在自己的世界中；想法幼稚，一旦形成想法，则固执己见，在极端情绪时会出现极端行为。

（3）家庭及学校情况

阿伟的主要家庭成员，包括父亲（50岁，高中文化）、母亲（35岁，小学文化）、妹妹（4岁，就读于幼儿园）。

阿伟早产半个月，因缺氧经历过抢救。未患过有提示意义的疾病，身体健康。三个月到4岁期间在北京生活，主要由姑妈抚养，彼此交流较少。4—5岁在沈阳度过，5岁前语言表达较差，父亲与他讲上海活，母亲与他讲安徽话。5—6岁在大连度过，开始进入幼儿园学习，与同伴交流困难，语言表达困难。母亲带他上了半年辅读学校，学习语言。6岁回到上海，上幼儿园大班。

小学1—5年级常有违反纪律的事件发生，不爱说话，经常碰女同学，同伴交往困难。

父亲从事工程师工作，回家较晚。母亲全职在家，文化水平较低，与阿伟除了温饱问题的交流外，较少有其他沟通。阿伟回家做好作业后，以打游戏为主。无特殊家庭变故情况。

阿伟初中就读学校为上海市新优质学校，学习氛围良好，同学友爱，师生关系融洽。原明山小学学生。明山并入江宁学校后，自动转入江宁学校就读初中。

2. 阿伟的学校评估情况

（1）班级观察反馈

班主任观察反馈，阿伟有明显行为问题。主要表现在攻击行为倾向和刻板行为倾向。当出现有悖于阿伟的个人想法、触及阿伟的个人用品、影响到阿伟的学习或者欺负阿伟时，问题行为就会发生。无明确的时间性。问题行为发生后，尝试过的有效做法包括：安抚他的情绪（不言语刺激，抚摸他的头部或后背）；让他按原程序将事情做完；不理他，冷处理。反复"洗脑"，说理。借助学习进行"威胁"（"你再这样，下节课不给你测验"，或"不给你做作业等"）；借助权威人士进行"威胁"（"打110，叫妈妈来"）。

在学业表现上，热爱学习，喜欢做与学习有关的事情（比如做作业）。数学成绩优异、英语一般、语文写作不行，其他都可以。记忆力出众。

许多同学观察反馈，认为阿伟有"毛病"、有"精神病"，不愿和他在一起，因而避之。

一些同学认为阿伟易向他们发火，并会乱打人，太"邪乎"，害怕案主，因而避之。一些同学认为阿伟是疯子，和他在一起没有益处，看不起他，因而避之。

（2）学校心理咨询室访谈情况

关于活动与兴趣：对电脑游戏有狂热的热爱。喜爱的影视节目偏幼稚化，与年龄不符。

关于学业：学校的功课对于他并不构成困难。相反，他喜欢做作业这一行为。数学表现出色，体现出智力上的高功能。语文表现较差，这与他在情感理解上的欠缺密不可分。不能体会焦虑是非正常的情绪表现。对于改变学校，存在不合理的想法，行为表现怪异。比如希望把学校里所有长条状的东西变成宝剑，不停地挥舞（顺势挥舞起手里一直拿着的一根木条）。从访谈开始，他就始终不愿放下手里的这根木条。

关于友谊和同伴关系：有一个好朋友（翟某某），从没觉得在交朋友方面存在困扰与问题，也不觉得缺乏友谊。从不感到孤独。不能控制自己的脾气。经班主任了解，翟同学并不是他的好友，而是妈妈告诉他翟某某人不错，可以是他的朋友，他才这么认为。事实上，翟某某与他的关系并不亲密。缺乏对于友谊的认知，无孤独感，明确自己脾气的不可控性。

关于家庭条件和家庭关系：不理解常识与规则的区别。对于事情的结果不能进行预想。对家庭成员间关系的理解停留于表面，情感体验力薄弱。

关于自我意识和情感：自我意识与情感表现出幼稚化的倾向。打游戏是他的第一愿望。

（3）专业医疗机构诊断及治疗情况

由于幼年语言功能发育不佳，有过半年在辅读学校学习语言的经历。从小学至今，经过多次医疗及心理咨询，并有诊断结果。涉及的诊断结果包括：自闭症亚型、多动症等，但无最终确定诊断结果。曾服多动症药2—3个月，因身体不适停服。学习成绩尚好，顺利考入中学。

（4）其他可能的相关影响因素

早产及出生时缺氧的影响：可能影响该生部分脑功能发育。

早期家庭教育环境的影响：该生早期生活经历复杂，在学龄前曾四次改变其居住地，照顾他生活的人群也多次发生改变。在语言及情感发展的关键期，他没有得到很好的家庭教育。在多次改变居住地的过程中，他不断地处在陌生与适应的过程中，对他形成固定而良性的人际交往及情绪体验产生了破坏性的影响。

早期及家庭教育的影响：该生主要由其母亲负责照顾，但母亲的文化水平较低，与他除了有关温饱问题的交流外，较少有其他沟通。其父工作较忙，几乎无法对该生的教育进行引导。

早期治疗的影响：该生在学龄前就表现出多方面的问题。家长也通过不同的医疗机构寻求相关的帮助与治疗。但由于多种原因，没有得到有效的诊断结果与持续的治疗。

早期学校的教育影响：该生小学就读于明山小学。教师对他普遍采取用威吓的行为来缓解其行为问题，并未对其进行有针对性的个别化教育。

青春期的影响：该生正进入青春期，强烈的身心变化对其产生冲击。但他的情感发展并未跟上。

（5）校内专家组评估意见

由于缺乏有力的医疗机构权威诊断，学校不能对阿伟进行心理疾病的判断。但从访谈及测试的结果来看，该生问题行为表现明显，具有自闭症亚型及多动症的倾向。

在语言表达方面，该生语言表达功能基本完好，可以理解别人说话的表层含义，但深层含义理解能力欠缺。比如：在问到他家中的规则时，他理解为一些常识性的规则，而非家庭管理规则。从早期发展史来看，该生的语言发育比正常儿童来得迟缓。这可能与个人先天性脑功能问题有关，也可能与语言发展关键期不良的语言学习模式有关。（据母亲介绍，3个月到四岁期间，该生主要由姑姑照顾，沟通较少。且在语言学习期间，不同的亲戚用不同的语言对该生进行教育，可能造成早期语言学习的混乱。）

在行为表现方面，该生刻板行为明显，当他意识到别人的表现不符合他的预设模式时，必须进行停止与纠正，直到他完成他的系列行为。行为发生时，易怒且不能够自我控制。这些刻板行为无法以正常的学生心理进行解释。可能涉及相关心理障碍问题。偏向于自闭症亚型表现。

在思想发展方面，情感情绪发育迟缓表现明显。在事情结果出现前，无法预设事情发生的结果。在语文作文时，无法进行虚构式的写作。不能理解别人的想法。想法幼稚,对电脑着迷,而且着迷的是一些简单的小游戏,非高智力类游戏。想法以自我为中心,不会顾及他人的感受。这些表现无法以普通的学生自私心理及幼稚心理进行解释。

评估结果:通过教师的个别化辅导,尝试在该生原有行为控制水平及教师管理上有所提高。

3. 个别化辅导策略

经过综合评估,将该生列入学校"特殊需要学生"管理体系,由于该生未得到权威医疗机构的权威诊断,我们将其列入学校一般"特殊需要学生"序列,但由于其特殊性(自闭症亚型特征倾向),在个别化辅导的过程中,我们会运用相关特殊教育的策略和方法。

(1)整体策略

根据阿伟的情况,须采用综合性个别化辅导对策。从阿伟本人来说,应从平稳情绪入手,进而调整认知、指导行为。从学校教育来说,应从教师教育理念调整及对其教育管理的技巧提升入手。从家庭教育来说,应从引导家庭进行正确的家庭教育入手。从外界的支持来说,应继续寻求相关专业支持,以持续而有效的干预为主。

(2)我们的尝试

第一步:个案情况了解、搜集与列入学校"特殊需要学生"管理体系;

第二步:个别化教育小组的建立;

第三步:个别化教育方案的形成;

第四步:个别化教育方案的实施与调整;

第五步:个别化辅导的持续。

(3)行动与效果

阿伟的个别化教育,是一种教师"大包容"教育理念的体现。课堂上,阿伟经常会旁若无人地自行其是,或突然发出怪音,或突然离开座位,或莫名其妙暴跳如雷。他的怪事一箩筐:可能教了他一年,他却不认识你;可能看到你,他就大声直呼你的全名;可能不停地把你认作其他人;可能对你指手画脚;可能永远和你"鸡同鸭讲"。对于他的种种怪形怪状,以往老师们一笑置之。现在,老师们开始理解他的特殊性,允许他犯错,包容他的"怪癖"。

针对阿伟的个别化教育,以转变教师的教育管理行为为核心。由于阿伟在智力水平上的高功能性,因此他在教学领域并不存在困难。他带给教师的挑战主要来自教育管理。教师们多次进行有关阿伟的个别化教育会议,从教育管理的角度不断总结其行为表现的规律与逻辑,通过教育实践不断反馈对其行之有效的教育管理方式和方法。以阿伟的行为逻辑来进行对阿伟的教育管理。用"星星的语言"来与"星星的孩子"对话。为阿伟制定教育管理备忘录,提炼有效的教育沟通管理经验与教训,让全体任课教师在对其情绪控制、课堂管理、纠正偏差行为等方面形成共识。并计划在下一阶段的研究中,引入相关专业支持力量,进行青春期教育的专业干预。

大文豪托尔斯泰说过:"幸福的家庭大多相同,不幸的家庭各有各的不幸。"每一个"特殊需要学生"也正是如此,他们在现行的教育体制下,大多过得并不幸福。他们是学校中独特的花朵,他们需要用独特的土壤来培育。如果教育者有更多的爱心与智慧,一定能够发现他们的非凡与可爱。

在"特殊需要学生"的个别化教育行动中,我们要秉持三个原则:一为"重人"。即重"特殊需要学生"、重教师、重家长。以"特殊需要学生"的自身发展为最终目标,以教师育德能力提高为关键手段,以家长沟通、家庭教育为基本保证。二为"重事"。教育管理无小事,尤其是在"特殊需要学生"的教育管理上,抓住"关键事件",通过关键事件展开有效多样的教育,而不是空谈教育、泛谈教育、繁谈教育。真正找到打开"特殊需要学生"心灵的那把钥匙,切实提高教育的有效性。抓住日常小事,加强行为规范教育,规范班级管理。三为"重物"。物即物质保证及制度保障。"特殊需要学生"的教育管理是一项长期而辛劳的工作,学校必须在资金、人力、物力、制度等多方面给予有效的保障,这样才能使该工作顺利有效地进行与延续。

个别化教育引发了学校管理体制的改变,带来了机制保障上的挑战。在研究的推进过程中,我们发现需要更多来自法律法规的肯定与正名;我们需要社会舆论的支持。对于这些特别的孩子,我们是否值得付出时间与精力,我们是否应该为他们付出更多的爱? 在受到一些质疑的同时,我们希望我们的工作能够得到更多的社会认可。而在个别化教育的操作过程中,学校也体会到了来自师资配给、教师专业知识与技能、专业化器材辅导硬件等方面的挑战。在未来的工作中,学校打算投入更多的资金,引进相关人才,提供相关辅导设施的保证,以便让这些孩子得到更好的、更有针对性的个别化教育与发展。

研究的行动还在继续,改变已悄悄发生。娜娜每天愉快地来到学校,愉快地度过她的一天,她对她的奶奶说,教她的老师并没有发生改变,她不再感到巨大的学习压力,她最喜欢的老师就是所有给她上课的老师。阿伟继续和老师们没大没小地"亲近"着,直呼老师的全名,给老师布置任务,在不伤害其他同学的前提下,想干吗就干吗。老师们从不和他动气,学着用他的逻辑和他对话。阿伟说:"在学校里没有烦恼!"

第三节　用50种方法教一个孩子

一、弥补生命缺憾的教育

9月,又一个新学年开始了。今天,又有一批可爱的一年级孩子将与江老师一同度过他们美好的小学生活。而与以往不同的是,这次江老师不再担任班主任一职,只是一位语文老师。对于即将到来的第一次见面,江老师有些兴奋和好奇。

"同学们,我是你们的语文老师,我姓江……""江老师好——"话音刚落,教室里响起一片稚嫩的问候声,清脆而动听! 多可爱的孩子啊!

孩子们是热情的,一下课便围上来:"江老师,我已经认识很多字了!""江老师,你知道我的名字吗? 我有个姐姐跟你一样,也姓江!"……一个小小的身影夹杂在人群中,默默地看着伙伴们,看着江老师,看来有点怕生。

第二天一早,江老师一进教室,孩子们便热情地喊道:"江老师早!""语文老师早!"只有第一排的一个女孩端端正正地坐着,一言不发。江老师走上前,瞥了一眼她桌上的名牌,笑着招呼道:"早! W同学!"女孩迟疑了片刻,回答道:"黄——老师早!""不认识我了? 我是江老师,教语文的。"江老师笑着纠正。很正常,一年级的孩子一下子接触那么多老师,总会搞错,江老师指着讲台边的黄老师继续说:"那才是黄老师,你的班主任,教数学。"

可是,在这之后的三天里,W同学仍然没有搞清楚江老师究竟是谁。除了班主任黄老师,其他的任课老师都没有被正确地认出。很快,老师们发现,W不仅分不清老师们的姓氏,更分不清老师们各自执教的学科,甚至连班主任黄老师教什么她也搞不清。

老师们发现了W更多与众不同的地方,这是一个特别的孩子。

(一)眷顾生命的教育——W的故事

发现了W的特别之后,江老师和班主任黄老师对她展开了深入了解。原来,W的母亲在怀孕时有过吸毒史,这对W的智力发育产生了一定的影响。因为父母离异,W被判给父亲,自小由爷爷奶奶抚养。爷爷有一定的文化,奶奶基本属于文盲。二老年迈,家庭经济条件也较差,入学前从未接受任何启蒙教育,在上幼儿园时就曾被劝复读。父亲在W刚入学时才刚出狱,自身文化水平不高,无固定职业,对孩子非打即骂。母亲自离异后再也没有出现过。

开学不久,有一次放学,大部分学生都被接走,仅留下几个孩子在校门口等着。这时,空气中隐隐飘来一股难闻的酒精味,江老师回头一看,一个身着一件松垮的背心,跶着一双人字拖鞋的男人正走过来,颓废而邋遢,江老师不禁皱了皱眉头。忽然一个小小的身影向江老师挨了过来,低头一看,是W。她似乎有些害怕,拉着江老师的手,躲在老师的身后,不安地看着眼前的男人。想起黄老师的介绍,江老师轻声问道:"是爸爸?"W没有回答,眼前的男人却已高声叫道:"小赤佬,看见我,还不赶紧跟我走?"边说边粗鲁地拉起W的小手,拖着她就要走。对于一个刚喝完酒,头脑不是很清楚的人,江老师没有什么可以说的,但是,江老师还是不放心地拉住W的手,轻声问道:"他是谁?""爸爸!"W懦弱地回答。"我当然是她爸爸,有什么好多问的?"他一把拽过W扬长而去。望着远去的背影,江老师的胸口有些闷闷的感觉。

W的学习让江老师头疼,更让江老师心疼。

随后的一年级预备课学习,让江老师对W有了更多的了解。在身高体重外貌方面,W与其他孩子没有明显的差异,但是由于大脑发育受到过损害,导致她在感知、记忆、语言、个性等方面与其他学生都有着明显的差异。在经过全面的观察和分析后,江老师梳理了W的心理及行为表现特征:

生活能力状况:虽然她具有基本的生活自理能力,但对于新的环境、新的人物无法辨认,如不知自己的家庭住址,认不清教室的位置,不能区分语数外三位老师,无法叙述自己的家庭住址,开学用了一个月的时间才可以正确找到自己的教室,认清语数外三位老师,搞清三位教师所执教的学科。

交往能力状况:由于语言表达能力的欠缺,她和同学交往不多,大多数情况下只是跟在同学身边,很少主动参加群体活动。但她内心渴望和伙伴一同活动,因此经常会跟在几个固定的女生旁边,看别人活动。

语言能力状况:她可以通过使用简单的词汇表达自己的想法,但无法用完整的语句表述,更不具备完整叙述事件的能力;由于词汇量的匮乏,她也无法理解老师、同伴的要求,结果直接影响课堂上的学习。

W的认知水平、已有知识水平远低于同龄儿童,对拼音、汉字的掌握为零,对课堂上的知识常常是前教后忘。不是她不努力,而是她根本就不理解。对她来说,新教材几乎是无法学习掌握的。什么都不会,什么都不懂,使她更加缺乏学习的兴趣和热情,于是,每天静静地坐着,等着下课跟在同学们后面奔跑,等着一顿美味的午餐,就成了她来学校的目的。眼睁睁地看着她荒废时间,浪费生命,江老师为她的学习头疼,可面对她纯洁无瑕的笑容,想到她未知的未来,江老师更多的是心疼。

开学一个月,W在学习上没有丝毫的收获,眼看着她与别人的差距越来越大,而江老师却无能为力。也许是无知者无畏,就目前而言,她对自己与其他同学存在的这些明显差异浑然不觉,依旧带着灿烂的笑容快乐地度过每一天。而江老师却没有她这么乐观,一直思考着如何提高她的学习。

阅读了贾馥茗的《教育的本质——什么是真正的教育》一书,江老师似乎有所领悟。教师不仅仅是传道授业解惑,提高W的学习成绩也不是唯一的目标。教育的本质就是"人的发展"。教育是一个合理的"历程",作为重要的角色——教师有其特定的责任。责任之一就是必须尊重"生而为人"的学习者,以引导学习者"成人"为务。所有的教育活动就是唤醒"人"为了"成人"的潜能。W是与众不同的,但她仍然有"成人"的需要,她"成人"的道路因为先天的缺陷比常人更多了些荆棘,然而,作为老师,有责任陪伴她一同披荆斩棘,成就一个"独一无二"的她。

(二)让教育弥补生命的缺憾

认可了W的与众不同,认可这个生命是有缺憾的,江老师认为不能再用寻常的教育方法去引导她,而是需要尝试各种不同的方法,寻找出一条适合她的"成人"之路。

1. 真心相待,亲其师信其道

"江老师,我下午要回家了,爷爷过生日,我要去饭店吃好吃的东西了。"周五,W兴奋地拉着江老师的手,告诉江老师和所有同学这个好消息。"代我祝爷爷生日快乐!"江老师笑着说道。"祝你爷爷生日快乐!"一旁机灵的孩子们也一齐附和着。W笑得可甜了。

周一,W像往常一样背着书包乐呵呵地走进教室,江老师惊讶地看见她左臂上的黑袖章,没等问她,就有小八卦立刻叫起来:"W,你家谁死了?""爷爷!"W若无其事地回答。"啊,你爷爷上周五不是才过生日吗?""哦,你上周吃的究竟是生日饭还是豆腐饭啊?"班上的小机灵立刻明白过来,"真傻! 吃什么饭都不知道,真傻!"天真的孩子们哄堂大笑起来。一直笑呵呵的W不笑了,她茫然地环视着周围的学生。"有人过世了是一件快乐的事吗? 你们就是这样对待自己的同学吗?"江老师的质问阻止了孩子们的笑声。江老师拉着W的手回到办公室。原来,W很少有机会去饭店吃饭,仅有的几次都是因为亲戚朋友过生日才去的。所以,在她的认知里,去饭店吃饭就是有人过生日,于是也就有了上周五的误会。江老师耐心地为她普及了相关的知识。"W,别难过,以后有什么不懂的就来问我,不管什么事江老师都愿意听,知道吗?"搂着她娇小的身躯,想着她家中唯一有知识的爷爷离世了,江老师的心头泛起阵阵酸楚。

年幼无知的W开朗活泼,但随着年龄的增大,其心理上的影响是不容忽视的,所以江老师首先从日常生活中,从学习中,从小事中关心她、爱护她,不让她受到其他孩子的欺负,让她感受到老师对她的关爱是真心的,是真的不放弃她,使她对老师产生信任,乐于接受老师对她的帮助和关心,相信老师说的话,乐于接受老师的教导,从而推动其心理健康发展,促进其心智的逐渐成熟。

2. 因材施教,加强个别辅导

因为W的智力因素、学习能力的因素,江老师明显地感受到新教材对她来说是无法掌握的,再加上她的家庭因素,不可能指望她的家人对她的学习有所帮助,所以江老师决定"以旧带新"。

所谓的"旧"指的就是之前的S版教材,江老师选择其中的内容,利用早操前的10分钟,或午间的休息时间,或放学后的时间,对她进行补习,每天识记的生字不多,3到

4个而已，让她反复地跟读、书空，进行简单的句子跟读，造句的练习，重在口头练习，反复地认读。而书写方面，主要以描红为主（江老师买了一本幼小衔接的汉字描红本送给W，让她有空描一描，读一读），目的在于掌握正确的书写笔顺，帮助其记忆。当然，因为W回家后不复习，所以第二天检查，她还是会出现遗忘，但相较于新教材，所学内容在反复出现、巩固后，她还是有一点进步的。

布置作业时，W的作业和别人的也不一样。江老师让她以抄默S版的词语为主，江老师打样子，让她照着写。新教材的抄写，主要是规定的两本写字本，不增加额外的字词。而她的默写本也与别人不一样，是一本"抄默一体本"。江老师允许她把第二天要默的词先抄在本子上，默写时如果想不起来，可以看一下，随后再默，目的也是为了引导她学会如何复习、如何默写，因为她在家里是不会有人帮她默写的，她能依靠的只有自己。同时，江老师也不希望在别人默写时，她待在一旁无所事事，哪怕抄一遍也是好的，何况有时她还真能默对几个呢！

3. 创造机会，提供成功体验

课堂上，和小朋友一起学习的时候，江老师总是创造各种机会，让W体验成功的喜悦。每堂课江老师都会让W回答问题，而提的问题基本上是三类，一是拼读，读准字音（虽然她一下课就会不认识这个字），帮助她巩固拼音；二是书空，强化她对笔画的认识、笔顺的掌握；三是组词，帮助她积累词语，增加词汇量。有时她会重复其他同学的答案，但对她来说这也是积累；有时她会说出不同的同音词，江老师便会夸她这个词说得好，把她说的词写在黑板上，明确告诉她有这个词，但不是现在学的这个字组成的。虽然江老师知道她并不会记住，但要的就是她在课堂上的参与，这很重要。当然，她有时兴趣高也会跟着一起读句子，每当这时，江老师总会给她以微笑，竖起一个大拇指夸奖她。而此时，乖巧的同学们也会很配合地鼓掌，大声夸："棒！棒！棒！你真棒！送你一朵小红花！"

4. 树立榜样，用模仿促发展

班主任黄老师同样关注W，特地安排班上的小干部与她同桌，关心、帮助她的学习和生活。江老师也十分注重发挥集体的力量，充分地用好这些小帮手。天真的W还是很乐于模仿同学的，因此"一对一"的方式还是很适用的。小干部们以身作则，有课前准备、上课发言、书写格式，有整理书包、用餐礼仪……各种行规、各种习惯为W

做示范，树榜样。江老师让她学着小老师的样子养成一些好的习惯，学会更多的常识，甚至还让她协助值日生为同学发作业本，借此认识更多同学的名字。这样的方式，W显然很喜欢，她总是乐呵呵地模仿着小干部们的举动，努力学习着。当然，为了避免小干部的厌烦情绪，江老师每隔一周就会更换一位小干部，让他们轮流关心W，更让孩子们逐渐形成以关心W为荣的想法，使W生活在一个温馨的班集体中。

5. 调整心态，再多一份宽容

W的学习能力很差，要掌握知识真的很困难，在她的身上很难让人感受到成功的喜悦。刚开始教她独体字的时候，有一次，江老师足足花了一个小时也没法教会她正确识记"大、白、天"这三个字，那一刻，江老师只觉得"怒火中烧"，几乎崩溃。之后，每到此时，江老师便会停止辅导，让她离开，不断地提醒自己她有多么与众不同，她需要更多的"另眼相待"；同时也给自己时间思考，换一种方式再教她，只有充分地看到她的不同，认可她的不同，才能真正地做到宽容，从而才会真正地"不放弃"。

开学后两个半月的时间里，W终于认识了田字格的位置；可以正确书写自己的名字；正确认读及描写近20个独体字，认读简单的合体字；还可以正确默写简单的独体字。同时，她可以指读简单的句子，跟着同学们一起读简单的儿歌。在学期结束时，W已经可以正确认读S版教材中的四会字，在田字格里正确书写四会字，正确朗读课文中的儿歌，还可以背诵5首儿歌，正确认读1首古诗。这些不起眼的成绩让江老师欣喜不已。

虽然相比同龄伙伴，W还落后很多，但较之她入学时，已有明显的进步，更重要的是，她的生活常识，与人交往的生活能力都有了更大的进步，每一个教她的老师都为她感到高兴。虽然这条"成人"之路依然困难重重，但江老师说会一直陪在她身边，尽自己的努力去帮助她。虽然不能保证她的学业有多大的突飞猛进，但江老师会竭尽所能，会用上50种方法，甚至更多的方法，让她有信心、有勇气去接受、去克服各种困难，去学会生活，走好"成人"之路！

"教育的本质是唤醒。教育意味着一棵树摇动另一棵树，一朵云追逐另一朵云，一个灵魂唤醒另一个灵魂。"陪伴W成长的经历，让江老师对哲学家雅斯贝尔斯的这句话似乎有了更深的体会……

二、静待花开会有时

"没有教不好的学生,只有不会教的老师。"22 年前第一次踏上班主任的工作岗位时,老校长就用这样的话勉励过刘老师。如今,时光匆匆,刘老师早已不是当年那个青涩的新教师了,上课带班,一切都早已显得游刃有余。然而,当小欣加入到班级之后,从未有过的挫败感却一而再再而三地扑面而来……

（一）"教不好"与"不会教"

涣散的眼神,奇怪的举止,含糊不清的发音……人群中,你一眼就能发现她的与众不同。从入学的第一天起,无论是行为规范还是课堂学习,小欣几乎没有一件事能跟得上大家的步伐。当一张又一张成绩仅为个位数的试卷摆在眼前、一次又一次因为她而错过班级的流动红旗时,刘老师终于没能忍住情绪,开始质疑自己:是真的没有教不好的学生,还是我依旧是不会教的老师?

"让她离开! 让她离开!"当教室里这样的呼声越来越高时,刘老师反而冷静下来。"没有也不可能有抽象的学生,每个孩子都是一个世界——完全特殊的、独一无二的世界。"苏霍姆林斯基的这句话让刘老师豁然开朗。是呀,每一个人都有其自身独特的价值,哪怕小欣也不例外。人人都有接受教育的权利,普通学校的大门应该是对所有儿童敞开的。小欣与千千万万个在普通学校随班就读的孩子一样,享有接受教育的权利,而随班就读正是融合教育在我国的一种具体的教育形式。如果说学校教育就是通过承认差异、适应差异、追求多样性让受教育者都有机会获得适合其特点的教育的话,那么作为老师,要做的就是尽力为他们创造适宜的学习环境和条件,促使他们潜能的开发、兴趣的培养、能力的锻炼。都说一把钥匙开一把锁,也许之前自以为的"呕心沥血"演变成最终的"气急败坏",只是因为没有找对那把可以打开小欣心扉的钥匙,而那绝对该是一把特制的、独一无二的钥匙。

（二）接纳每一种可能

每一朵花都有盛开的理由,对于小欣这朵迟迟未能绽放的花朵,更需要园丁精心地浇灌,耐心地呵护。现状就是这样,要转变的应该是教育理念、策略和方法——接纳每一种可能。

1. 承认差异，搭准脉

小欣，6 岁，智力发育迟缓，口齿不清，无法正常用语言表达或与人交流。有意注意时间极为短暂，不能按照老师的指令完成相关的要求，喜欢模仿他人，非常情绪化。她对身边的很多事物感兴趣，讲台上的笔盒、黑板报上的图钉、墙壁上张贴的画作，甚至是那些不起眼的劳动工具。教室里任何东西在位置上有了变化后，她总能第一时间发现并立刻用含糊不清的话语加上手势告诉老师。同时，她非常缺乏安全感，一件很小的事情也要反复确认，哪怕是已经做了很多次的事情。

摆正心态之后，刘老师开始尝试理解小欣的每一个看似奇怪的举动。她一次又一次把刚刚为她梳好的小辫子拆开，披头散发地出现在老师跟前，其实只是为了引起老师的关注。当她死死拽住本子不愿上交，那是因为害怕属于自己的东西再也得不到……

2. 尊重差异，开好方

有了理解，便自然有了对策。真诚宽容，建立和谐师生关系是一切的基础。作为班主任，刘老师首先要做的便是创建一个适合小欣成长的班级环境，让全班同学认同并接受她，不歧视她。要做到这一点，刘老师首先得做出示范榜样。真诚平等地看待她，尊重有加、关爱有度，尽可能地淡化她的"特殊"，营造她与同学们自然互动的班级氛围。

刘老师鼓励她参与全部的集体活动和课堂学习。课堂上，刘老师经常巡视到她的桌边，凡是"开火车读词语"之类的学习活动，绝不跳开她，尽可能让她开口练习。但是，差异的存在不容忽视，特别的花朵需要特别的护理。二期课改的语文教材对于小欣而言显然进度和难度都不适合，因此，刘老师借来 S 版的教材，在难度大大降低的情况下，再针对性地制定识字和拼音的知识点学习要求。她的语文写字本，刘老师坚持每一次写好范例，当面指导。刘老师在与任课老师沟通后决定，对于小欣的作业采取只打勾不打叉的方式，目的在于提高她的积极性。

一年级下学期，班级开展了"小岗位"的竞聘，每个同学都选择了一个班级服务岗位进行能力锻炼。小欣是班级的一员，刘老师也为她量身定制了一个特殊的岗位——图书管理员的小助手。设置这个岗位，刘老师是动了一番脑筋的。一方面，小欣对于管理物品有着不同于其他同学的"敏感"，她能很精确地记忆东西的摆放情况，也非常关注物品的流动情况,这些都非常适合图书管理工作。另一方面,虽然已经入学大半年了,但她依然无法正确数清50以内的数字,作为图书管理员的小助手,每天帮忙一起数班级图书角的书籍,一遍遍反复练习,有助于她形成数的概念。在管理图书的过程中,也能更多地与同学交流互动,这对她的社会交往无疑是有帮助的。

班主任还是沟通学生和任课老师的桥梁,刘老师将执教班级的全部任课老师召集在一起,如实告诉大家小欣的情况,大家一起为她量身定制短期小目标,这些目标更多的是对行为规范上的要求、学习习惯上的养成。这样做的好处在于大家的目标一致,训练重点一致,反馈和调整方案则显得更有针对性。

3. 善待差异,用好药

相关研究表明,同伴关系在儿童生活中起着成人无法取代的独特作用,有利于儿童社会价值的获得、社会能力的培养以及认知和健康人格的发展。在融合教育的环境中,同伴的支持对提升特殊学生的学习能力、情感体验以及社会交往非常有效。刘老师决定从这个方面进行一些有效尝试。

那天早上,刘老师一进教室,正巧看到小欣要拆开小辫子走过来,刘老师忙迎上前去,一边拉住她的手,一边大声称赞:"小欣的头发梳得整整齐齐,和小丽一样,是个漂亮的姑娘。"听了这话,她笑了。趁热打铁,刘老师又拿出一张公主贴纸,"要是你到中午时头发还是这样整齐,我就奖励你一张公主贴纸。"小欣显然听懂了刘老师的话,把手放了下来,走回座位。刘老师又叮嘱小丽:"要是你能帮助小欣,让她做到像你一样仪表整洁,老师同样要把公主贴纸奖励给你。"想得到贴纸的小丽欣然答应了。课间,小丽时不时去提醒小欣,而小欣也破天荒头一次坚持了一整天,再没有让刘老师扎小辫。在如愿得到贴纸后,小欣开始把小丽当成自己学习的榜样,事事都爱模仿她。

小丽吃完饭用抹布把桌面擦干净,她跟着擦;小丽下课时在走廊散步,她也跟着去;小丽上课不离开座位,她也努力不跑出来。一段时间之后,小欣成了小丽的"跟班",尽管她的成绩仍是个位数,但行为规范真是进步了不少。

这样的伙伴引领还延伸到了班级中的大部分同学。例如,每天都有一位班干部利用午休时间和小欣一起玩拼音游戏,放学时陪她一起整理书包……

4. 明确差异,固根本

都说家庭对孩子的成长有着极其重要的影响,因此保持沟通,建立密切的家校合作关系是教育工作中的重要一环。小欣的父母都是高级知识分子，父亲还是精神、心理医学方面的专业人士，但由于工作繁忙，他们对自己孩子的学前教育其实是不够关心的。入学初期，他们对孩子表现出来的与其他同学之间的巨大差异也显得准备不足，甚至有些无法接受。但刘老师通过家访、电话等种种沟通，努力让他们认识到现状，指导他们调整家庭教育的方式、方法，努力与学校教育配合一致。一天一个电话，一周一封邮件，一月一次测评，为了这朵花的绽放，刘老师和小欣的父母保持着密切的联系，也分享着每一点成长的喜悦。

5. 适应差异，常反思

对于像小欣这样随班就读的特殊学生，刘老师常常根据她的实际情况进行反思，不断调整教育的策略和方法。为了帮助她在学习和生活的过程中加大识字量，刘老师教她分发同学们的作业本，认识同学们姓名中出现的一些常用字，并在为大家服务的过程中感受到快乐。又如备忘录的记载，从最初老师帮着每天记，同学们轮流帮着记，到后来她自己模仿着别人的本子写再交给专人检查，直到现在能独立抄写，这期间也是经历了反反复复很多的波折，但看到如今她能每天主动完成这些常规的事务，刘老师便觉得之前的一切都很有意义。

班主任面对的是全体同学，在班级建设中，舆论的导向对于班集体的形成、班级风气的好坏都非常重要。在针对小欣的个别化教育中，也常常会遇到与一致化要求相差甚远的时候，班上其他的学生也只是六七岁的孩子，老师对小欣的"特殊对待"在其他孩子看来并不一定能完全理解并接受。所以，在这个过程中，刘老师还通过大量的班级活动去浸润、去影响。

（三）静待花开的美丽

个别化教育不仅是一种教育策略和方法，更是一种符合规律性的教育思想，其核心就在于以人为本，始终把孩子看作一个个不可替代的"人"。作为老师，所做的正是从生命体的角度出发，遵循生命构成的整体性和生命发展的能动性，针对学生成长过程中的个体需求，运用正确的教育思想和适切的教育方法，给予他们更多的关注，创设最有利于每个学生都能得到最好发展的环境，最终为学生的可持续发展奠定基础。再提到小欣，对刘老师而言，并不仅仅是一个名字，它更是一个代表符号——班级中总有一些晚熟的学生，那些尚未绽放的花朵，也许他们在成长过程中会遭遇比其他孩子更多的困难,因此他们更需要老师的尊重和善待。

首先,以平常心去包容,宽容他们的种种"不懂事"。这颗平常心是以承认差异为基础的。"海纳百川,有容乃大",只有善待学生的过错,才能走进学生的心灵,赢得学生的尊重和爱戴。

其次,以童心去理解,用儿童的视角去认识他们的世界。全国著名特级教师李镇西在《做最好的老师》这本书中说:教育者是否拥有一颗童心,对教育至关重要。乐于保持一颗童心,善于在某种意义上把自己变成一个儿童,这不但是教师最基本的素质之一,而且是教师对学生产生真诚情感的心理基础。童心体现在教育中便是爱心。老师必须具有一颗童心,因为只有童心才能理解童心,才能以学生的快乐而快乐,以学生的悲伤而悲伤,就如书中说的与学生"一同哭泣,一同欢笑"。

再次,以责任心去浇灌,用自己的专业知识引领他们的成长。教师的责任心并不是在轰轰烈烈中展示,而是在平凡而又琐碎的日常工作中体现。在个别化教育的过程中,责任心驱动我们不断更新教育理念,努力学习教育方法,时刻关注孩子的变化,调整自己的教育策略。

最后,以耐心去等待,坚信每一朵花都有盛开的理由。"等待"是一种智慧,更是一种境界。丑小鸭变成白天鹅,必然会有一个艰辛的、寒酸的,甚至充满痛楚的过程。同样,教育原本就是一种慢的艺术,需要有水滴石穿的耐心。每一朵花最初都是草,而我们要做的是心存期待,多些耐心与信心,相信"莫疑春归无觅处,静待花开会有时"。

如今,刘老师不再为班上有个小欣而纠结、烦恼,因为刘老师比过去任何时候更明白:只要用心,就一定能够教好学生,虽然教育不是万能的,但它一定是会有一些收获的,只是,它的成果体现形式不一定就是知识。或许,上帝正是让刘老师在这段特殊的教育历程中学会用心倾听花开的声音,静待花开的美丽!

三、星星的孩子也闪亮

苏联教育学家马卡连柯曾说过:"爱是无声的语言,也是最有效的催化剂。"教师对学生的爱,胜过千万次的说教。教师要用爱的春风温暖每一颗童心,用爱的春雨滋润每一颗童心。每个学生都是独一无二的,我们必须正视学生之间的差异,承认学生之间的差异,并尊重学生之间的差异,还要正确利用学生之间的差异。我们的一切教育方法、教育内容都要遵循学生的实际情况，要明白转化后进生与培养优等生是同样重要的，让每个学生都知道自己是受到老师的尊重与信任的。我们要引导每个学生表现出自己的优点，正确捕捉每个孩子的闪光点并给予鼓励和支持，不断发扬优点，让学生在错误中吸取教训，走上正确的道路，展现出自己与众不同的一面，让每个学生都有机会成为那颗闪亮的星星。

（一）与众不同的他

"叮铃铃……"放学的铃声响了，老师还未宣布下课，突然第一排一位高高胖胖的男孩像得到指令似的"唰"地站了起来，迅速地把书、文具塞进书包，飞也似地离开了教室……

铃声响起，放学，整理书包，回家——这是他的学习生活模式。

他，就是江宁学校 star 中队的星宝宝——天天同学。

天天患有亚型自闭症，他似乎不明白学校生活意味着什么，他会随意离开座位，或躲在桌子底下自己玩。有时他会走到讲台上摆弄几下老师的书本、教具，或走到别人的座位上拿走一两样东西，要不就伸手去触碰一下正在津津有味地听课的同学。吃饭时，他会把手和碗伸进汤桶里，经常会因为自己的要求得不到满足，而把讲台上的粉笔扔得满地都是。课间，大家玩得好好的，他会莫名其妙地冲过去踹别人一脚。刚开始，队员们对集体中有这样一名格格不入的同伴很不适应，有很多次，值日班长为了维护中队的集体利益，对他大声制止，可事实上，这直接导致了他进一步的无理取闹。这让中队辅导员和队员们为之烦恼了很久，也影响了中队正常的学习生活。

苏霍姆林斯基说："教育的技巧和艺术就在于，教师要善于在每个学生面前，甚至是最平庸的、在智力发展上最困难的学生面前，都向他打开他的精神发展的领域，并使他在这个领域里达到一个高处，显示自己，宣告大写的'我'的存在，从人的自尊感的源泉中吸取力量，感到自己并不低人一等，而是一个精神丰富的人。"他也告诫我们："儿童的尊严是人类心灵里最敏感的角落，保护儿童的自尊心就是保护儿童前进的潜在力量。"

面对这样的一个孩子，刚开始，裔老师和同学们有点不知所措，同学们也不能理解他的怪异行为。这也是裔老师教学生涯中从未碰到过的情况。

在天天的自由发挥下，一段时间下来，同学们和班主任好像有点了解他了，他有着自闭症孩子所具有的一些行为特质：只喜欢或专注某一东西的倾向；行为具有固着性，也就是"一根筋"；智商偏高，爱学习。针对他的一系列特点，裔老师和同学们开始学习尝试着读懂他、帮助他。

（二）耐心地守望——牵手前行

我们知道，患有自闭症的孩子不会像正常的孩子一样正常地去玩，去参与游戏，只会独自玩耍，封闭自己。因此，如何让自闭症孩子走出孤独，和正常孩子一样生活、学习，是一个急需解决的问题。有专家曾提出："让孩子得到情绪上的成长，满足他某些发展上的需要，并获得自我结构上更统整的层次和情感控制的统整。"

兴趣是最好的老师。对于患有自闭症的孩子而言，要引起其注意，必须先从其兴趣出发，引起他的无意注意，然后将他的无意注意转为有意注意，服从老师的言语指令。但在训练过程中必须注意，自闭症孩子的语言理解能力很差，所以，老师给出的指令必须是简单的，而且要统一，变化尽可能少。

裔老师试着每天坚持和他问好，语调柔和，用最简单和清晰的字句。如："你好！天天"，或用他喜欢讲的英文说"Hello！Hi！"课上反复叫天天的名字，开始时他对老师的招呼不理不睬，老师也不理会他的反应，坚持了一段时间，忽然有一次，裔老师在叫他的名字时，他的眼神与老师碰撞了，裔老师伸出手拍了拍他的肩膀，他的眼睛发亮了，嘴里清晰地说出"你好！"，而且忽然间他变得很乖、很安静！接下来，裔老师还取得了任课老师们的配合，在校园里碰到天天，他们都主动和他打招呼。第二学期的某一天，数学葛老师自豪地在办公室说："你们天天今天在楼道里叫我'老师好'哎！"现在的天天已经学会了和年级里越来越多的老师打招呼，有时还连蹦带跳的。

（三）将错就错——因势利导

天天做事"一根筋"，给班级的日常生活带来了很多问题，为此班主任和同学们花了不少心思。很多老师反映，天天每天进学校，从进教学楼大厅开始，从一楼到五楼，依次把灯打开，每开一盏灯，自己还要远距离看看效果，乐此不疲，天天如此。一天，裔老师早早地守在大厅门口，看到他背着书包走进来，对他说："今天我们一起开灯吧。"他不解地看着裔老师，没有理睬，又去做着重复的动作，裔老师也一言不发地帮忙开灯，看灯……所有的灯都开了，两人走到了五楼，天天放下了书包。裔老师拉着天天的手，重新放在开关上，关了五楼的灯，关完一盏，让他看看效果，对他说："这个天气，不开灯也挺亮的,也节省能源。"再关一盏,再看看,再说一遍。老师和他一起关完了五楼、四楼的灯,他独自关上了三楼到一楼的灯。从第二天起,他再也没有擅自开关过各楼层走廊里的灯。现在,每逢班级同学集体到室外活动时,他总是最后一个离开教室关好灯;回来时,急匆匆地第一个跑到教室打开灯。

(四)你就是那么棒——爱你没商量

记得苏霍姆林斯基曾说过:"这些特殊儿童不是畸形儿,他们是人类无限多样化的花园里最脆弱、最娇嫩的鲜花。"是啊,"漂亮的孩子人人爱,爱不漂亮的孩子才是真正的爱。"教师要摒弃一切成见,对特殊的孩子投以真诚、持之以恒的爱,让学生从身心上接纳教师,从而双方在身心上互相接纳,建立稳固的依恋关系。天天由于其身心特点,情感极不稳定,不喜欢接近周围的人,对情感的体验也不深刻。

一开始,裔老师经常利用班会及其他各种时机,给班里的孩子们讲天天思考和处理问题的特点,讲他的孤独,讲天天心中对友爱的渴望,讲他的爱学习,讲他的耿直、善良和真实。在不断的教育引导下,全班同学没有人歧视天天,也不再把他当做特殊的孩子看待,他们也学着老师的样子试着接近他。

此后,裔老师经常在离天天不远的地方仔细观察他的一举一动。慢慢地,裔老师有了更多的发现,也得到了更多的惊喜。在对天天关心、爱护、帮助的过程中,全班孩子幼小的内心世界里,悄然培植起了人与人之间那份最珍贵的同情之心、关爱之情和互助之风。

天天的各科任老师也都同样用爱,用多于对其他同学的爱,去关怀着可爱的天天,没有人歧视他,没有人奚落他。

天天的学习很好,尤其是在英语学科上,一向不善于表达的天天在英语课上却有着"非凡的"表现。英语俞老师特别宠爱天天,经常表扬他:"天天很可爱,很聪明,英语课上总有问不完的问题,大多数还是比较有质量的。分组模拟对话的时候,他还帮同伴纠正错误呢!"

天天喜欢被表扬,老师一肯定他,他就立刻神情严肃,坐得端端正正,老师和同学们经常被他的表情逗乐。

(五)我们都是一家人——爱心同行

学生在校时间内,接触最多的便是其他伙伴。在某种意义上,他们之间的相互作用对各自的发展更胜于教师的教育。

以前,可能考虑到天天的实际情况和安全问题,天天从未参加过学校的集体外出活动。这学期的某一天,裔老师正在教室里布置着第二天春游活动的各项安排,天天突然从座位上冲到老师面前,断断续续地问了几个问题:"老师,明天车上有我的座位吗?""我在哪个小组?"听到这里,裔老师的心颤抖了,要知道,原本裔老师想一如既往地不带他去的,怕他万一出什么事;还让他妈妈找了个理由让他明天不来学校。这是一个孩子的心声。顿了一会儿,裔老师有主意了,对他说:"这样吧,你通过自己的努力看看哪一个小组的同学愿意带你去,老师当然同意。"天天连忙转向旁边的小组长鹏鹏,直截了当地说:"你带我去吧!"裔老师很担心鹏鹏会拒绝他,正想着下一步怎么办,这时,鹏鹏说:"带你去可以,只要你服从小组的统一指挥就可以了。"天天连忙紧张地看着裔老师,裔老师松了一口气,对他说:"征得小组里队员的同意了吗?"他又赶紧一个一个去问队员的意见,大家都和组长的意见一致。天天不停地说:"我会听话的,我会听话的。"第二天,裔老师安排了小组里的两位小老师一刻不停地陪伴在天天的身边,春游活动顺利而成功,天天玩得很开心。在班会课上,他们小组的每位同学都得到了老师的表扬,同学们表示:从现在开始,以后所有的活动都和天天一起参加。后来,听天天妈妈反映:"春游前一晚,天天兴奋得一夜没睡好。"裔老师听了,眼眶都湿润了。

在特殊教育的领域里,不仅需要有教师和专家的参与,而且更需要家长的参与。预见特殊需要学生的发展障碍并且进行干预,将会取得更好的效果。

在对天天进行教育干预的过程中,裔老师与天天的家长共同商讨各项教育对策和训练措施,发挥各自的教育优势和特点,在实施教育训练过程中协调一致、及时交流,发挥互补作用,逐步矫正孩子的缺陷,促进其早日融入到集体生活中。再说,家长对自己的孩子最了解,最洞察孩子心理、生理和情绪的变化,最了解孩子的所缺所长,最清楚孩子的现有水平和发展潜力,因此,家长与学校老师配合一致是非常重要的。

(六)生命在爱中成长——阳光总在风雨后

一年来,在天天和全班同学与老师的努力下,天天的状态越来越好,优秀的学习成绩也让他赢得了同学们的尊重。同学们在生活上也能自发地帮助他,他和同学的关系也得到了良性的发展,天天脸上的笑容渐渐地多了,和老师、同学的交流也渐渐地顺畅了。现在的天天成了班级里师生的"开心果"。

看到天天如今上课时认真听讲的那份神态，积极发言时的那份踊跃，下课和同学们一起出操、一起游戏时的那份欢乐，很难想象得出几年前的天天曾是一个令老师、同学手足无措的问题学生。

"天天很快乐，如今我心中存有最多的便是感谢。感谢江宁学校那么好的教育环境，感谢 star 中队那群可爱的孩子。"天天的妈妈说，"你们给予天天的那份爱是无价的，而那份爱，正是医治孩子心灵的最好、最有效的一剂良药。"

一路走来，跌跌撞撞，磕磕绊绊，只留下一些模糊的轮廓。迷惘中，裔老师和天天的故事还将继续，太多的未知在等待我们，让我们且行且思。裔老师已不再感到悲凉，因为她始终心怀一种期待，期待有更多的人宽容且智慧地看待那些星星的孩子。我们尽力让这些孩子和正常孩子一样，他们也需要一种与同伴们相互理解、相互帮助、相互尊重的和谐氛围。除了老师、学校、社会的帮助外，我们还要让班级里的同学，懂得用更多的爱心和宽容来对待特殊孩子自身的缺陷和不足。这样才能使他们感受到心理的平衡，促使他们采取更加积极的方式为自己寻找安全的心理环境，找到自信和快乐。

　　在基础学校，时间应该为学习服务。我们特别建议，每个课堂里的教师可以自由调整课时，只要求他对教学结果负责，而不要跟着时钟转。

——厄内斯特·波伊尔

师生活动必须在一定的时空背景中完成。课时是教学组织的基本时间单位。课时的程序化安排与教学目标、内容、方法有着密切的联系并影响着教学实施的效果。在教学论史上，对课时的分配早有迥然不同的观点，如有的研究者主张固定课时，有的建议采用自由课时，介于二者之间的温和派主张有弹性的课时。但在教学实践中，为了便于组织与管理，多数国家依然采用经典的 40 分钟固定课时分配，而不管学科与年级的差异。在固定的课时分配下，我们在课堂教学中经常会遇到这样的现象：一些教学活动（如自然实验探究、小组合作学习、研究性学习等）往往因为每节课的"时间关系"戛然而止、意犹未尽；而另外一些年级或学科（如小学一年级英语学科等），学生已是"兴味索然"，但教师仍在"喋喋不休"。

不管学科与年级的差异，统一按标准时间 40 分钟划分的传统课时有时过分地，甚至完全机械地打断了教与学的进程，给教学整体化带来困难，而在其他情况中，学生的有效学习时间远低于 40 分钟，又造成了教学时间的浪费，降低了教学的有效性。

因此，我们所持的观点是：现代教学活动的内容和方式应决定课时分配的形式和结构，而不应提前固定好统一时长的课时，然后把教学内容塞进去；课时的长度及安排应当充分考虑到学生的年龄特点以及学习心理、教学内容的选择和分配、教学材料和辅助工具的运用等。基于这种认识，我们根据低年级学生的学习特点和群体差异以及学科教学内容的需要，对课时的长度和安排做出了创新性的调整，开展了"长短课时"的实践探索。

第一节　长课、短课皆相宜

follow ➡

　　所谓的"长短课时"，就是根据相关学科的课程特点、教学内容将每节课 40 分钟的标准课时缩短或延长，长则八九十分钟，短则二十分钟，甚至只有短短十几分钟，形成了"长短课结合"的课时设置模式。同时，短课时课程可以考虑与其他学科合作，实行"20＋5＋15"的课时安排（其中 5 分钟为两堂短课时之间的过渡时间）。需要注意的是，安排长短课时，既要考虑学生发展的需要，也要根据学科的特点，不能搞粗暴的"一刀切"或简单的"加减法"。

一、"长短课时"改革的必要性

（一）基于学生的需要

　　经过调查发现，学生有意注意的稳定性存在个别差异和年龄差异：一般情况下，在面对纸质媒体（例如，书本、报刊等）时，7—10 岁儿童可以连续集中注意 20 分钟左右，10—12 岁儿童在 25 分钟左右，12 岁以上儿童在 30 分钟左右。我们所执教的学生，正是处于 7—12 岁阶段的孩子，他们活泼好动，集中注意能力相对较弱。因此，可能 40 分钟的课堂内容，学生其实只记住或理解了最多 30 分钟的内容。特别是对于"语数英"这些主要学科，由于课程内容密集，容量大，长时间的课堂学习往往会令学生感到疲乏，以至于造成课堂教学的低效。所以，如果能将这一类学科的学习时间缩短，频率提高，可能会更有利于小学生，特别是利于低年级学生的接受和记忆。

　　而随着年龄的增长、学习习惯的养成和思维的发展，到了高年级，学生的感知能力又有了很大提高，知觉的有意性和目的性明显发展。他们已能从知觉对象中区分出基本的特征和所需要的东西，其准确性、系统性都不断地提高。他们的大脑不断成熟，神经系统活动的兴奋与抑制过程逐步协调起来，有意注意逐渐在学习活动中占据了主导地位。在课堂上，高年级学生可以根据学习活动和教师的要求将注意指向学习对象，有意注意由被迫状态提高到自觉状态。并且他们注意的稳定性也在逐步发展，12 岁以上儿童可以集中注意 30 分钟左右，在组织良好的教学中，甚至可以保持注意 30—45

分钟。所以，对于自然、劳技这种理论与实践、动脑与动手相结合的学科，只要教师能设计好教学策略、安排好教学内容、组织好教学活动，高年级学生连上 2 节课是可行的。

（二）基于课程的需要

对于语、数、英这样的学科而言，课堂教学需要足够的时间和频率。特别像英语这样的学科，作为中国学生的第二语言，必须从多方面保证学生接触语言的频率。而现行的教学组织形式规定：小学低年级学生英语学习的频率为每周三次课堂学习，每节课 35 分钟。这样的课时安排是不能满足高质量完成教学计划的要求的。绝大多数学生除英语课以外没有外语环境，因此算下来，每周平均每个学生进行课堂个体化操练的时间不到 5 分钟。课时量的有限、语言环境的缺乏，给科学有效地完成教学任务带来直接影响。每周分散的英语课时安排，又切断了英语学习的良性循环，造成教学知识的遗忘。每节课 35 分钟的时间安排，对于活泼好动，好奇心强，模仿能力强，有意注意持续时间相对较短的低年级学生而言更是难以接受。所以，适当缩短每节英语课的时间，增加英语课的出现频次显得尤其重要。

而对于自然学科来说，每周安排 2 课时，每课时 35 分钟，一节课内又要讲述理论常识，又要进行探究活动，时间显得十分仓促。有的老师就采取压缩探究活动中的讨论环节，强调动手操作，以实验指导来替代学生对实验设计、分工合作、操作体会等方面的讨论，学生进行的是被动的探究，毫无效果可言。并且，学生一周内上完第一节自然课后，往往要过 2—3 天才会上第二节自然课。这时候，学生遗忘学习内容，教师重复授课内容，教学效率不高。

通过调查分析，我们发现在低年级英语学科实行短课时，在高年级自然学科实行长课时是可行的，也是科学的。

二、"长短课时"的有效实施

"长短课时"的有效实施需要关注以下几点。

（一）合理安排"长短课时"

经研究讨论，将低年级学生每周的三节英语课分拆成四短一长的五课时（即四节 20 分钟小课，一节 35 分钟大课），四节 20 分钟小课分别和语文学科中的阅读课程相结合,形成"长短课时相结合"、"语文英语学科相结合"的组织形式。通常,前 20 分钟进行英语短课时的教学,中间 5 分钟休息及过渡,后 15 分钟进行语文阅读课的教学。

对高年级学生来说,每个星期的自然课都是两节连上。然而,并不是每一次教师都会安排探究活动,那些普通教学内容课一般不采用两节连上,有课间休息时间,第二节课时多利用课件、拓展阅读、小组讨论和观看视频等方式,减轻学生的疲劳感,提高学生的学习兴趣。

（二）整合重组教学内容

就英语学科而言,将单元教学内容进行整体拆分,重新整合,根据直观性、活动性、竞争性等特点重新归类安排组合。每周一次的大课除了安排课本教学内容外,还要适当拓展一些生动活泼、能提高学生学习兴趣的内容。

就语文学科而言,作为后半节课的指导教师除了要思考如何尽快将学生带入新的学习阶段的问题之外,更要考虑和英语学科在教学内容上的衔接,减少生硬的搭积木式的教学组合。这就需要语文老师和英语老师在协商合作的基础上进一步重组教学内容,使得每节课的前后教学内容尽量达到学习内容上的和谐。

由于英语教学内容基本是固定的,因此,相对较为灵活的阅读内容就要有意识地贴近英语学习内容。在过渡、阅读内容上尽可能地再现英语学习内容,避免学生学习上的间断性、突兀性。

小学自然是一门综合性的基础学科,在一周两节自然课连上的长课时中,教师通过对自然学科内容进行重组与整合,依据课程标准设计丰富的课堂活动,力争使每个学生在连续两节课的时间里,体验完整的探究过程,有充分的时间讨论交流。在长课时中,教师不仅可以对教学内容进行重组,还可以根据教学内容的难易程度灵活分配教学时间。

（三）丰富学科学习内容

由于长短课时的特殊性,学科老师不能简单地将教学内容做加法或减法。比如语文、英语学科合作教师要在计划中制定一个科目学习内容的主线,根据这根主线,阅读教学教师可以将原有的文本内容打乱,重新组合编辑一本适合该年段学生阅读的文本,这样既能与英语教学内容有效结合,又不会失去阅读课自身的重要性。

小学自然的学习内容本身是有结构的,相关知识围绕核心内容（概念）相互联系,构成整体。在五年级的自然教材(牛津版)中,每个单元都不是孤立的,会涉及一组概念。所以,在教学活动中需要教师对这"一组概念"做整体的思考,做主题的设计。

（四）灵活建构学习形式

在"英语＋阅读"实践课上,教师经常会采取"集体授课"和"小组合作学习"相结合的形式。我们更主张"小组合作学习"。通常的做法是把40位学生分成8组,每组选出一位学习能力及组织能力较强的同学做组长。平时,定期对这些组长进行培训,教会他们一些小组学习的方法。

在自然学科的长课时中,可以采用集体授课、个人自学、小组合作学习等多样的教学组织形式。一般来说,较简单的学习内容,只需要个人独立学习或开展全班教学,而较复杂、综合的学习内容则可以采用小组合作学习方式。

（五）科学架构"长短课时"

在英语学科中,随着学习内容的加深,学习要求的提高,有时20分钟或15分钟的教学时间需要调整。更由于语文学科阅读文本的改变,有时对学生的指导无法在15分钟内完成,所以在低中年级衔接阶段,可以适当增加单个科目的教学时间。对于长课时的自然学科来说,课时的安排就更为灵活,完全可以根据自身教学内容的需要,在长课时中合理、灵活地安排好新授、讨论、实践的时间。

三、"长短课时"改革的成效

实施"长短课时"改革后,教学环节的时间分配更加合理,内容的安排更为紧凑。课堂教学逐渐由讲授式教学向探究式学习转变,其功能也逐渐由传递知识转变为培养思维、激发智慧。这样的改革无论是对学生还是对教师,都是具有较高价值的。

（一）教师的改变

首先,教师教育观念发生转变。课时的改变使得教学要求相应提高,需要更高效地实现教学目标,在新型课堂中同时实现教师和学生的价值。这样的课型在无形中改变了教师的教育观念,在课堂教学中,教师会给予学生更多人性化的关怀,表现出一种以学生为对象,以学生为中心,对学生无限关爱的教育思想倾向。

其次，教师教学能力得到提高。课时的改变对教师的教学能力是一个挑战。比如，由于课堂时间的缩短，短课时必然要求"短"、"精"、"趣"，也就是说，教师在进行教学设计时，要在"三备"（备学生、备教材、备教学资源）的基础上实现"三精"（精巧——设计精巧的、学生感兴趣的活动；精选——精选教学内容；精心——精心收集、整理、重组教学资源）。而对长课时教学的教师而言，充沛的体力，丰富多样的教学手段，合理科学的内容安排是每节课前必须做的准备。这样的课程教案抄不到、学不到，完全靠教师自己研究、琢磨，对教师能力的提高大有作用。

再次，教师教育科研意识有所增强。教学实践证明，有了"长短课时"改革的实验阵地，在"发现问题——研究问题——解决问题"的研究过程中，增强了一线教师的教育科研意识，提高了教师参与科研的能力。

最后，教师专业知识获得拓展。课时的调整也对教师的专业知识提出了更高的要求，单一的知识背景已经不能满足教学有效性的需要。教师在研究过程中，既对自身的专业知识有了拓展性学习，也不断充实着自身各方面的专业技能。比如，与英语教师合作的语文教师就必须具备一定的英语素养，这就促进了复合型教师的产生。

（二）学生的改变

长短课时的合理安排保证了学生学习的有效性，提高了校内学习的效率，形成了学校生活的新节奏，使单位时间内的教学内容更加饱满，大大提高了教育教学的质量和效益。在没有加重学生课业负担的前提下，使学生的校内学习更趋科学合理，学习时间更具有效性。在教师的有效组织和管理下，学生更加自觉、主动、积极地参与课堂教学中来，获得了良好效果。

长短课时制更关注学生的主体性，考虑学生的年龄特点和心理特征，在有变化的节奏中、在丰富有趣的教学活动中，让学生在参与中学习，在学习中成长。

总之，"长短课时"的改革改变了教师，改变了学生，改变了课堂，为"不一定第一，但绝对唯一"的学校教育教学理念打下了扎实的基础。

第二节　以学习为中心的课时重构

实践和研究证明，打破一节课 40 分钟的模式是可行的，也是科学的。40 分钟的一节课需要重构，但是，如何重构？重构什么？两个不同科目的短课时教学安排是要讲究科学性、合理性的，不能搞简单的一刀切，也不能随意添加，而要根据课型的特点、教材内容的契合、学情的情况变化等方面加以考虑和变革。经过不断的研究、实验、再改进，我们总结出了以下重构课时的做法。

一、一切为了学习

（一）"为了学"的课时重构

将每周的三节英语课分散成四短一长的五课时（即四节 20 分钟小课，一节 35 分钟大课），四节 20 分钟小课分别和语文学科中的阅读课程相结合，形成"长短课时相结合"、"语文英语学科相结合"的组织形式。

"短课时"是相对于九年一贯制学校以 40 分钟为一个课时计算单元而言的。在我们的研究中，前 20 分钟进行英语短课时的教学，中间 5 分钟休息及过渡，后 15 分钟进行语文阅读课的教学。

现在将 40 分钟分成三段，学生前后接触的又是截然不同的两个学科，从而有效地利用了学生的有意注意时间，符合低年级小学生的生理、心理特点，使学生在课上建立起来的求知欲得以持续保持，既保证了学生接触语言的频率，激发其积极参与的愿望，让学生的学习英语的兴趣得以长久保持；又有利于培养学生运用语言进行交际的能力，从而促使学生牢固掌握所学知识、提高学习效率。

（二）"立足学"的课时重构

为了能让学生尽快地从前 20 分钟的英语教学进入到语文阅读课的教学，需要有一个良好的、自然的课间过渡。在这一方面，为了适应低年级学生的特点，通常采用"课间操"的方式。

所谓课间操，就是在英语课与语文阅读课之间插入一段放松的活动。形式是多样化的,可以是手指操、全身运动,还可以是唱歌、听音乐,也可以是念儿歌、背古诗、猜谜语,甚至可以做一些简单的游戏等。课间操在教学过程中起一个辅助作用,目的在于集中学生的注意力,将它们迅速引领至下一个教学科目。两节课之间的 5 分钟,不仅是休息,更需要使其成为一个有机的教学环节,使所学内容得到巩固和升华。

比如在执教《早操》一课之前,教师就在英语课结束后的 5 分钟休息时间内安排了曲调为《健康歌》的室内操,学生在唱唱跳跳中很快调整了学习状态,进入了下阶段的学习。然后,教师提问:"小朋友,刚才我们唱的是——"(健康歌),"怎样才能拥有一副健康的体魄?"(学生自由回答)。接着,教师总结各位学生的发言,告诉他们大多数同学都提到了锻炼身体这个办法,同时肯定适度的锻炼的确可以增强小朋友的体质,起到强身健体的效果。"在这么多的锻炼项目中,有一种既方便又有效,它就是——(出示)早操。"以这样的过渡方式引入第二个短课时的学习则更为合理、自然。

(三)"聚焦学"的课时重构

就英语学科而言,不能简单地将原来一节课的教学内容一分为二,而是要根据单元整体教学目标,将单元教学内容进行整体拆分,重新整合。整合时要按照低年级学生的学习特性,将教学内容按照直观性、活动性、竞争性等特点重新归类安排组合。如英语一年级第二学期 Module 3 Unit 2 的一篇课文,主要教学内容是关于天气表达的五个单词(sunny, cloudy, rainy, windy, snowy)和句型(How is the weather? It's…)。由于本课的学习主题学生不一定感兴趣,所以为了适应低年级学生的学习特点,激发他们的学习愿望和兴趣,可以将本课教学内容分成两节小课来完成。在第一节 20 分钟小课内以单词教学为主题,并以每个单词为中心,收集学生可能感兴趣的资料,围绕每个单词进行了相关拓展,如编儿歌,用句型"I need…""I like…days.""I can…"等来表达自己的喜好和意愿。在运用这些句型的同时达到了训练巩固运用单词的目的,也提高了学生的学习兴趣。在教授单词的同时有意识地反复出现句型"How is the weather? It's….",为后面的教学铺垫。句型的教学放在第二节 20 分钟小课进行,学生已经在第一节课时内掌握了单词的读音和初步的运用,但根据低年级学生的学习特点,经过一天的时间肯定略有遗忘,通过这节课的教学能对昨天的单词进行复习巩固，通过相互问答和表演小对话，在新授的同时不断复现旧知，切实做到适应低年级学生的身心特点和习惯差异，这样看似将一节课在时间上一分为二，但在教学内容上依然是完整、统一、连贯的，并且让学生多了一次学习和练习的环境与机会。

每周一次的大课除了安排课本教学内容外，还要适当拓展一些生动活泼、能提高学生学习兴趣的内容，如朗朗上口的儿歌、快板、歌曲，或简单的英语原版动画的片断赏析配音，这样既能让学生保持40分钟的学习热情，又能拓展学生的词汇量。这样的安排做到每节课内容少、每周重复多，从而减轻低龄学生的学习负担，让低年级学生能轻松愉快地学好英语。

就语文学科而言，作为后半节课的指导教师，除了要思考如何尽快将学生带入新的学习阶段的问题之外，更要考虑和英语学科在教学内容上的衔接，减少生硬的搭积木式的教学组合。这就需要语文老师和英语老师在协商合作的基础上进一步重组教学内容，使得每节课的前后教学内容尽量达到内容上的和谐。

比如，指导学生阅读《小动物的自卫》一课之前的5分钟休息时间，利用反义词游戏再现刚刚上过的英语课内容——单词"soft，hard"的中文形式（柔软、坚硬）并指导学生朗读、理解。而这两个词语恰巧又会出现在接下来的阅读内容中。这样安排切合点，可以使学生自然、快速地进入新的学习内容和状态。而游戏形式更符合学生的年龄特点，调动了学习积极性。然后，又通过游戏"摸一摸"、"猜一猜"，引导学生找出具有"柔软、坚硬"特点的事物并交流，进一步加深对这两个词语的理解和记忆，既便于学习之后的内容，又有效地复习了英语单词。

（四）"丰富学"的课时重构

语文学科合作教师可在每学期开学初与英语教师商讨制定一条阅读课文本内容主线，根据这条主线将原有文本内容打乱，重新组合编辑一本适合该年段学生阅读的文本，既能与英语教学内容有效结合，又不失去阅读课自身的重要性。

（五）"科学学"的课时重构

通过实践发现，随着学习内容的不断加深、学习要求的逐步提高，有时20分钟或15分钟的教学时间需要调整。由于阅读文本的改变，有时教师对学生的指导无法在15分钟内完成，往往会出现意犹未尽的情况。我们经过实践，觉得在二年级第二学期可以试着适当拉长单个科目的教学时间、以适应逐步加深的学生学习内容。

经过一段时间的研究和实践，我们发现"短课时"不同科目的混合教学的确更符合小学生，特别是低年级学生的年龄认知特点。虽然在课时的安排上、教学内容的使用上增加了教师的工作量和难度，但对学生的综合能力的提高肯定是有帮助的。其实，一节课到底是上 40 分钟还是多少时间，并不是固定不变的，有时候要根据实际情况灵活安排。

二、突破 40 分钟的局限

（一）注重两种学科间的有效过渡

英语、语文学科的教学整合保持英语 20 分钟，后半节语文阅读课 15 分钟的状态。在英语课与后半节语文阅读课过渡的 5 分钟时间中，一般安排如唱歌、做操、吟诵古诗等活动帮助学生调整身心，尽快进入下半节课的学习。

比如在执教《早操》一课中，我们就注重两节课之间形式上的衔接，以轻松的音乐缓解学生前 20 分钟学习的疲劳，以活泼愉快的体操满足一年级小朋友好动的天性，促使他们能集中精力上好阅读课。

（二）关注教学内容的妥善衔接

我们对现有的教材重新进行组合，找出英语和语文阅读教学的相同点，做到从形式到内容上的有效衔接，使学生的学习具有连续性。由于英语教学内容基本是固定的，因此，相对较为灵活的阅读内容就要有意识地贴近英语学习内容。通常，语文学科老师会在备课时就了解英语的教学进度及内容，然后在过渡、阅读内容上有意识地再现英语学习内容，避免学生学习上的突兀性。

（三）学生学习方式要灵活多样

在"英语＋阅读"实践课上，有时我们采取"小组合作学习"的形式，更能适应学生的差异。我们把 40 位学生分成 8 组，每组选出一位学习能力及组织能力较强的同学做组长。平时，我们定期对这些组长进行培训，教会他们一些小组学习的方法。通过一定时间的实践，这些组长均能驾轻就熟地带领组员学习。在对组长的选择和培训中，这些学习能力强的同学又有了进一步的能力提升。每小组组员的安排也颇有讲究。一般是"好、中、差"相结合，其中实力较强的一组插上一个极困生。这样安排的目的在于利用学生间的合作，帮助学困生学有所循，学有所帮。在英语学习中，运用这样的学习形式，成效较为显著。在单词、句型的学习中，每一组学生之间相互配合，取长补短，在小组的小环境中，平时不敢开口的学生不再害怕，同时还有同组的近距离的榜样可以仿效，因此，对于新授知识的掌握基本能做到同步。而后半节课的阅读学习也延续这样的"小组合作"，既减少了学生搬动课桌或走动换座位的无效行动，也仍旧可以利用这样的小组合作形式提高学生自主学习的能力和效率。

其实，打破 40 分钟课堂教学时间，将课时缩短、重组的确是一项复杂又繁琐的事情，但这样的变革最大的受益者是学生。只要有利于学生成长的事情就是好事情，所以，我们会不断研究、不断实践、不断反思，为学生创造更为良好的学习空间。

三、短课时(英语与阅读)联合课例

1A Oxford English
Module 2 Unit 2 My family 1st period

年级		课题	日期
1A		M2U2 My family	2014.10.27
教学目标	知识与技能 过程与方法 情感态度 与价值观	1. 新单词：grandfather, grandmother, father, mother, me 2. 正确表达新句型：This is my _____. This is me. 3. 能够用 5 句话来介绍自己的家庭成员。	
教材分析	重点与难点	This is my _____. This is me.	
	相关链接	1. 拇指家庭：Finger family. 2. 拓展单词：aunt, uncle	

续　表

Procedure	Content	Methods	Purpose
Pre-task preparation	1. Read the rhyme: A book, a pencil.	T：Good morning，everyone! Ss：Good morning, Miss Li. T：Can you read the rhyme 'A book，a pencil'? Ss：Yes. (Read the rhyme.)	朗读熟悉的短文,将学生带入英语课的学习状态。
	2. Daily talk：(T-S, S-S)	Good morning. /Goodbye/ Good afternoon. /How are you? /Nice to see you.	
While-task procedure	1. Presentation：Show a family photo to students, ask them to identify every person.	T：Look! What's this? Ss：It's a photo. T：Yes，it is. It's a family photo. Read after me 'family'. Ss：(Repeat).	展示全家福,使学生自动联想本课的学习内容,自然过渡到下一环节。
	2. Draw the family tree and teach the words one by one. 'grandfather' 'grandmother' 'father' 'mother' 'me'	T：Who is the eldest one in your family? Ss：Grandfather /Grandmother. (In Chinese) T：Yes. Read after me 'Grandfather'. Ss：(Repeat). (Invite some students to read the words.) T：Put 'Grandfather' and 'Grandmother' on the top of the tree. Who is in the second level of the tree? Ss：Father/Mother. T：Nice. Here are 'Father' and 'Mother'. Say：Father. Ss：(Repeat).	借助家庭树,帮助学生理清所学单词间的关系。

Procedure	Content	Methods	Purpose
		(Play the game 'little train') T：This is 'mother'. 　　Ss：'Mother'. T：Anyone else in your family? Ss：It's me. T：Great. Say 'me'. Ss：(Repeat).	
	3. Finger family：Point the finger and say the family member.	T：You know all the member in your family. Show me your hand. One hand is one finger family. Listen： This is my grandfather. This is my grandmother. This is my father. This is my mother. This is me. Ss：(Repeat). T：Say it by yourselves.	
	4. Use 'He's/She's' to describe the family members.	T：Look! This is Vicky's family photo. This is my father. He's tall. He's thin. This is my mother. She's short. She's fat. How to describe the family members? Ss：He's/She's. T：Awesome! Remember：'He' is for a boy. 'She' is for a girl.	
Post-task activity	1. Pair work：Introduce your family to your deskmate. 2. Finger reading.	T：Now take out your family photo and introduce your family to your deskmate. T：Open your book and turn to P18. Let's read it together.	

Procedure	Content	Methods	Purpose
Assignment	1. Introduce your family. 2. Listen and read P18.		

拓展文本：

My family

Hello，I'm _____.

This is my father. He's _____. He's _____.

This is my mother. She's _____. She's _____.

I love my family.

第三节　课堂可以"短平快"

课堂教学有时可以"短平快"。不信？请看看我们的课外阅读指导课。

在我们学校,课外阅读的指导过程,是学生在教师的指导下逐步自学养成自我读书能力和习惯的过程。教师重点引导,学生独立阅读,在自学的过程中检查效果。而教师要进行相关的引导,很多时候都是在仓促中进行的,因为在上完教材规定的课文后,教学时间基本已经使用完,若要根据书籍自身的特点、每个学生的不同情况、重点训练项目的不同要求来讲解指导,说实话一节课时间太长,感觉浪费,如若三言两语,又觉得流于形式,形同虚设。因此,在尝试进行短课时(15—20 分钟)阅读教学后,我们发现这样的安排十分妥当,而且效果很好。短课时阅读教学可以根据时间短的特点,根据不同的文章类型,上出各种类型的课型。

一、"欣赏推荐"课

短课时可以上成"欣赏推荐"课，以教学《小猪唏哩呼噜》为例：

1. 导入新课

由同学们熟悉的电视人物猪八戒引出书的主人公——小猪唏哩呼噜，(课件出现画外音)听小猪的自我介绍，在此，教师设置悬念：其实啊，它是一个童话故事里的主人公，不仅名字有意思，在它身上还发生了许许多多有趣的故事，这就是我要向大家推荐的书。(课件出示书的封面)

2. 了解书的大致内容

通过看书的封面了解书中的主要人物以及作者，同时引导学生根据封面设疑——这本书到底写了些什么故事呢？ 这样自然地引出了目录。

3. 介绍两个故事，设置悬念，激发学生的阅读欲望

老师在讲故事的过程中穿插出示一些图画，引导学生想象，激发学生的阅读愿望。这个环节是主要的部分，通过这一部分的指导，激发学生阅读的欲望。

4. 小结学习方法，引导课后阅读

听故事有意思，可是自己静静地读故事，一边读，一边想，会更有意思的！

以上是这节课的主要流程。在设计这节课时，考虑到对象是低年段的学生，这个年龄段的学生充满童趣但缺乏对于书籍的选择能力，因此主要通过教师的推荐来引导学生读自己喜欢的书，读适合他们年龄特征的书。这本书带有童趣的幽默，词语平凡自然，俏皮可爱，读起来也是朗朗上口，情节安排自然巧妙，学生们很喜欢书中小猪的善良、勇敢、勤劳、富有爱心与正义感，所以把这节短课的重点放在"欣赏推荐"上。而长课时明显不能将这一重点目标落实在指导过程中，一来教材的限制范围不允许教师这样操作，二来不可用这样的模式来进行重点讲读课文的教学。但是在短课时中，学生很喜欢老师轻松愉快地带领他们采用大声朗读的方式，在朗读过程中欣赏美文佳句，穿插问题，设置悬念，学生的阅读期待和阅读兴趣受到了激发。

二、"阅读讨论"课

短课时的阅读也能上成"阅读讨论"课。即在教师的引导下，学生利用工具书扫除

文字障碍,通读文章后,自己提出问题或者由教师设计问题,分组讨论,各小组代表汇报讨论结果,逐题回答讨论的问题,最后教师做总结。

例如在上《一千零一夜》阅读讨论时,教师引导学生们围绕作者奇特、大胆而浪漫的想象,情节曲折离奇,故事人物丰富、对比鲜明等几个方面进行了讨论。在讲到故事的情节曲折离奇时,同学们说道:故事时而在天上,时而在人间;时而让人感受到神仙妖魔的力量,时而又让人看到生活中的人间百态。一个"比山还大"的妖怪,能出入小小的胆形铜瓶之中;一擦神灯,它就能在一夜之间建造出一座富丽堂皇的宫殿……如此这般,变化莫测。通过大家的讨论,同学们感受到了《一千零一夜》独特的魅力和无穷的艺术价值所在,阅读兴趣大大提升,那些没看过这本书的学生更是心痒难熬,迫不及待地想一看究竟了。那么,在长课时阅读教学中能否也运用这样的讨论模式呢?经过几次实践后我们发现,在处理教材中的某些重点、难点部分可以运用该教学手段,但并不能适用于整节课时,这会导致学生将重点放在讨论上,而忽略对课文字词句的把握,教学将产生质的改变。而在短课时教学中,由于轻松愉悦的心情和对课外阅读的兴趣,学生倒很容易就进入主题,尤其是对自己读过的书进行交流、探讨,是孩子们最感兴趣的话题。

三、"成果展示"课

短课时阅读还可以上成"成果展示"课。这是学生在广泛阅读的基础上汇报自己在课外阅读中的收获的一种课型,它不仅有利于学生巩固和提高阅读效果,培养良好的思维习惯和说写能力,还有利于学生相互启迪,共同提高,达到奇文共赏析、得失寸心知的效果。可以运用的主要形式有:

1. 读后讲述。组织学生讲述所读书籍的内容。

2. 组织故事会、朗诵会、擂台赛、知识竞赛等,提高学生的阅读质量。

3. 交流评论。可交流自己阅读的方法,也可交流自己在阅读过程中的收获、感悟或困惑,也可对书中的人物及写法进行点评。

4. 表演展示。自编读过的内容进行表演,促使学生在理解的基础上对文章进行感悟、品评,积累语言材料,受到美的熏陶和感染。

以上种种形式也是长课时无法达成的,从时间、效果上来看,更适用于短课时的训练。

此外，还可以尝试将短课时的教学上成"读书积累"课。主要通过摘抄、点评，让学生积累阅读内容。低年级学生以摘抄为主，教会学生在理解、品析的基础上，摘录课外书里的精彩语句、语段，提高鉴赏能力，加强阅读积累。一年下来，学生们积累的素材增加了不少，有些学生已经学会运用积累的好词好句来写话了，极大地丰富了语言，使写话水平得到了明显的提高。

课外阅读的指导是一个过程，这种课型要求教师在语文课堂教学中注重读法的指导，并在读物阅读课中，引导学生把课内阅读时所学到的方法，运用于课外阅读的实践中，做到"同类一得，一法能用多篇"；注意引导学生手脑并用，边读边思，或勾划圈点，或摘章摘句，或写读书心得，以便从各方面去开拓学生的知识领域，让学生掌握系统科学的读书方法，养成习惯，形成能力，最终达到"自能读书"。可以说，这种类型的课是针对学生好读书却不得要领，或只看热闹，或纯为猎奇，读书不少收效却不大的现状而设置的。在实践过程中，有的教师反映，虽然短课时阅读教学已经开展较长时间，但有时仍然会感觉不太适应，原本计划好的教学内容，好像没上一会儿就听见下课铃声响了。由于教学时间缩短，教师应时常提醒自己抓住这节课中最重要的内容进行讲解，把更多的时间还给学生，给他们时间和空间进行阅读，进行思考，进行理解。"教师的教是为了不教"，这样的教育理念在短课时阅读教学中得到了很好的体现。

课外阅读指导是一项长期的工作，贵在坚持，贵在积累。有了短课时课外阅读指导这个新契机，它一定会为语文教学注入新鲜的血液，一定会为学生的终身学习打下坚实的基础，让学生步入良性发展的快车道。

第四节　不纠结的"长课时"

很多人喜欢看电影，在一个多小时的时间里看完一个精彩的故事，体会主人公丰

富的人生经历。如果把一部电影拆成上下两集,而且还是看完上部隔几天之后再看下部,那你又会有怎样的观影体验呢? 如果电影精彩,那么相隔的几天你一定会觉得心有牵挂,时时会想起电影中的情节,设想接下来的故事该如何发展;如果电影乏味,那么过了几天,你要么对下部电影失去了观看兴趣,要么就是忘了上部电影说了些什么。

在自然课堂上,探究活动就好比一部电影,一节课的时间往往不能完整地开展。根据《上海市小学自然课程标准(试行稿)》,自然学科作为基础型课程,每周安排 2 课时,每课时 35 分钟,若进行探究活动时间仓促。有的教师采取的办法往往是压缩探究活动中的讨论环节,强调动手操作,以实验指导来替代学生对实验设计、分工合作、操作体会等方面的讨论,学生进行的是被动的探究。也有的教师无奈地将一个完整的探究活动拆分成多节课,然而,在以往的教学安排中,学生一周内上好第一节自然课后,往往要过 2—3 天才会上第二节自然课,有些学生会遗忘部分前一节课的学习内容,教师每一节课都要进行导入、小结环节,且由于两节课之间的时间间隔较长,教师在教学第二节课时需要对第一节课中的某些教学材料进行重复讲授、问答等,以唤起学生对所学知识的印象,从而导致不能连贯地开展探究学习活动。为了更好地满足学生的学习需求,在课表上将同一个班级一周内 2 节自然课排在一起的"长课时"便应运而生了。

一、"两节连排"不等于"两课时连上"

小学自然是一门综合性的基础学科,以培养小学生的科学素养为宗旨,承担对小学生的科学启蒙的任务。而将一周两节自然课"打包"连排形成"长课时",有利于教师根据教学需要灵活把握上课时间,不会因为课时原因造成探究活动的中断或缩短,当第一课时下课铃响起的时候,学生不必匆忙收拾实验材料,因为探究活动还能继续下去。在长课时中,教师通过对自然学科课文内容的重组与整合,依据课程标准设计丰富的课堂活动,力争使每个学生在连续两节课的时间里,体验完整的探究过程,有充分的时间讨论交流,通过互评与自评完善学习过程,从而提高学习的有效性,使长课时起到的效果大于 2 节短课时。

二、有效探究活动需要长课时

我们在五年级自然课上开展长课时研究,主要基于以下几点。

（一）五年级学生的认知心理特点

小学阶段是学生充满好奇、兴趣勃发的时期，又是学生习惯养成和思维发展的关键时期。在整个小学阶段，小学生的感知觉发展很快。随着教学过程的深入，五年级学生的感知能力有了很大提高，知觉的有意性和目的性明显发展。他们已能从知觉对象中区分出基本的特征和所需要的东西，其准确性、系统性都不断地提高。他们的大脑不断成熟，神经系统活动的兴奋与抑制过程逐步协调起来，有意注意逐渐在学习活动中占据主导地位。在课堂上五年级学生可以根据学习活动和教师的要求将注意指向学习对象，有意注意由被迫状态提高到了自觉状态。并且，他们注意的稳定性也在逐步发展，12岁以上儿童可以集中注意30分钟左右，在组织良好的教学中，甚至可以保持注意30—45分钟。所以只要教师在长课时中安排好教学活动，五年级学生连上2节自然课是可行的。

（二）五年级自然学科教学内容特点

小学自然的学习内容本身是有结构的，相关知识围绕核心内容（概念）相互联系，构成整体。在五年级的自然教材（牛津版）中，每个单元都不是孤立的，会涉及一组概念。所以，在教学活动中必然会碰到如何处理这些概念的关系问题，如何根据学生的认知程序安排这些概念的学习。这就需要教师对这"一组概念"做整体的思考，也就是要做主题的设计：每个主题单元中包含几个主题探究活动，每个探究活动有分层的教学目标，有分层的实验项目和相应的评价方式。

完整的探究过程需要经历"提出问题—做出假设—制定计划—使用工具和收集证据—处理数据和解决问题—交流与表达"多个环节，一课时35分钟往往显得捉襟见肘，如果把探究活动限制在一定的时间范围内，学生的参与则会更多地停留在操作层面或者针对观察到的现象得出一个结论，主动探究意识及合作精神得不到很好的发挥，所以长课时的提出其实是学生进行有效探究活动的需要。

三、自然学科长课时教学的策略

（一）选择合适的内容，灵活分配时间

由于课表在学期开始时就已安排好，所以每个星期的自然课都是两节连上。然而，并不是每一次教师都会安排探究活动，那些普通教学内容课一般不采用两节连上的形式,有课间休息时间,第二节课时多利用课件、拓展阅读、小组讨论和观看视频等方式,减轻学生的疲劳感,提高学生的学习兴趣。

在长课时中,教师不仅可以对教学内容进行重组,还可以根据教学内容的难易程度灵活分配教学时间。例如《浮力》(第九册《5 平衡压强浮力》)一课,按教参建议可以分 3 课时:第一课时观察浮力现象,认识物体在水中的沉浮,时间比较充足;第二课时通过比较物体在空气中和在水中的重量,探寻物体在水中沉浮的原因,由于包括实验测量内容,一节课时间比较紧张;第三课时浮力的利用,改变物体的浮沉,教学内容的多少可由教师选择,时间容易掌握。教学内容重组时,教师缩短了原先第一课时的内容,大约在 20 分钟就完成了,把多出的时间留给实验操作环节,让每个学生都有时间可以动手测量,还有充分的时间进行小组交流。

(二)运用多样的教学组织形式

在长课时中,可以采用集体授课、个人自学、小组合作学习等多种教学组织形式。一般来说,较简单的学习内容,只需要个人独立学习或开展全班教学。而较复杂、综合的学习内容则可以采用小组合作学习方式。例如《昆虫的生命周期》一课,教师先集体授课,布置观察昆虫标本和上网收集资料的要求,然后学生开展个人学习:有的学生像在博物馆里一样,在摆着各种昆虫生活史标本的实验桌之间穿梭,一边观察昆虫标本一边做好学习单记录;有的学生利用教室里的电脑畅游知识的海洋,在网络上收集昆虫生命各个阶段的图片和视频;还有的学生利用教师提供的书籍《诞生啦——生命的故事》,探索昆虫不同生命阶段的趣事。在个人自学结束后,学生会回到各自的小组中,交流自己的观察结果,并根据昆虫不同的生命周期加以分类。在个人学习的基础上,小组合作学习开展得十分顺利,同学们纷纷比较自己记录的昆虫生命周期和别人记录的有什么异同。最后每个小组组长代表小组发言,陈述每个组员观察到的昆虫和小组归纳的分类结果。一堂课中多种组织形式穿插进行,学生学得趣味盎然,2 节课的时间一晃就过去了。

四、长课时的效应

(一)教学环节的时间分配更加合理

长课时中各教学环节的时间分配发生了变化,特别是小组合作讨论、交流、实验的时间显著增加。下表所列的是《电池提供电能》(五年级《自然(牛津版)》第十册)教学内容分别采用长短课时的不同时间分配：

表 2-1　1 节长课时与 2 节常规课时的课堂时间分配比较

课时长	统计值	导入	讲授	演示课件	问答	小组合作学习	小结
1 节长课时 (70 分钟)	时间	2′	10′	14′	8′	35′	1′
	占总课时	2.8%	14.3%	20.0%	11.5%	50%	1.4%
2 节常规课时(35 分钟＋35 分钟)	时间	5′	15′	11′	7′	28′	4′
	占总课时	7.2%	21.4%	15.7%	10%	40%	5.7%

　　本节课的教学内容主要有四个部分：一是多样的电池；二是电池产生电的原理；三是电池组中电池的连接方式；四是了解废电池的危害。其中第二、三部分是教学的重点和难点。按照常规的每周两节短课时分散(35 分钟＋35 分钟)进行教学安排，第一课时主要讲授第一、二部分内容，第二课时讲授第三、四部分内容。而在长课时中，教师对教学内容进行重组，根据教学内容的难易程度灵活分配教学时间。四个部分的教学内容所用的时间及所占总课时的比例依次是：22′27″(25.6%)、6′21″(8.1%)、43′5″(50.6%)、14′25″(16.3%)，原来计划第一课时完成的前两部分内容在长课时中仅占 33.7%，由于前两部分内容较为简单，教师缩短了原先第一课时的内容，把多出的时间留给第三部分以及实验操作环节，使得学生有更充裕的时间进行小组合作探究。由此可见，在两节连排的长课时中，对同一主题的学习是一个完整的教学过程，教师只需要进行一个导入、一个小结，且不同知识点之间可以自然过渡，这样就可以将节省的时间分配到师生互动、小组合作交流、实验等环节中，使学生有更多时间进行动手操作，小组合作学习也具备了充分的时间保障，学生有更多的机会发言、相互补充、更正、辩论，从而促进学生合作能力的提升、思维的培养、智慧的发挥，课堂教学逐渐由讲授式教学向探究式学习转变，其功能也逐渐由传递知识转变为培养思维、激发智慧。

　　(二) 学生经历完整的探究过程，逐渐形成科学思维方式
　　依据《上海市小学自然课程标准(试行稿)》，小学自然是科学启蒙课程，着重于学

生对周围事物的兴趣和不断探究的欲望,引领他们逐步养成良好的行为习惯和求真的科学态度,培养他们科学思维的能力和科学思维的方式。科学思维方式,简单地讲就是遵循寻求证据,进行科学解释这样一种思维和解决问题的方式。学生只有在充分的时间保障下,经历完整的探究过程,才能逐步形成科学思维的方式。

还是以《电池提供电能》一课为例,在每周两节短课时分散安排的情况下,第一节为讲授课,第二节为实验课,两种课型各占 50% 的时间,而在长课时中,讲授课的时间缩减为总课时的 36%,而实验课的时间增加到 64%。这一变化显而易见地表明了在长课时中,学生有了更多的实验探究时间,充分体现了自然学科"实验探究"的特点,有利于培养学生的动手操作能力、提高探究活动的有效性。同时,实验课时间的增加保证了探究过程的完整性。整个探究过程如下:

1. 提出问题:不同的电池连接方式,获得的电能一样吗? 在生活中,电池常用什么方法连接?

2. 做出假设:电池串联能够获得更多的电能(使小电珠更亮)。

3. 制定计划:利用电池、导线、小电珠连接简单电路,尝试不同的电池连接方法,观察小电珠的发光情况。

4. 搜集证据:

(1) 比较不同数量电池串联时小电珠的亮度(1 节电池对比 2 节电池和 3 节电池,因为考虑到安全因素,没有让学生用 4 节电池串联,其实课后想想,让学生试试又有何妨,满足学生的好奇心和求知欲才是我们科学课的最终目的)。

(2) 比较两节电池串联和并联时小电珠的亮度。

(3) 观察生活中常用电器里电池的连接方法。

5. 解决问题:根据实验结果得出结论:电池串联时获得的电能多,电池数量越多,小电珠越亮(如果超过极限,可能损坏电器)。生活中小电器中的电池根据需要会有不同的排列方式,但它们都采用了串联的连接方式以获得更多的电能。

6. 交流与表达:畅谈实验与交流中的感想。

长课时充足的时间不仅保障了探究过程的完整性,还能让学生在提问时各抒己见,在实验中相互合作,在交流中侃侃而谈,在观察中思考共性,在探究交流中激发思维的火花,逐渐形成科学的思维方式。

（三）锻炼了学生的表达能力，使学生学会倾听

在有些自然课上，我们会看到"优秀生"垄断发言交流，不善于表达的学生只能做听众，想说又没有机会，久而久之失去了发言的兴趣。其实这是因为在 35 分钟的短课时中，教师没有多余的时间去耐心等待。一个问题提出后，往往会马上请举手的"优秀生"发言，其他的学生却因此失去了思考的机会，被动接受别人思考的结果。长此以往，这些学生容易产生依赖心理，不再主动思考问题。当采用长课时后，教师通过合理安排时间，保证了学生有充分的时间交流，这样就可以在提问后安排小组交流，并要求每一位学生都要在组内发言，通过组内互评，让他们意识到自己的发言对小组合作学习有着重要的作用。例如《电池产生电能》一课，每位同学都要在组内介绍在自己带来的小电器中电池是怎样连接的，小组共同讨论小电器中电池连接的共同特点及其原因。教师在课后通过"微格分析"法观察，发现这节课中每位学生都在组内有发言，组员间都有交流互动。长课时实施近一年，那些本来不善于表达自己的同学意识到自己的发言也很重要，逐渐有了和大家交流的勇气，并感受到一起交流的乐趣；本来垄断发言的"优秀生"感到自己的发言并不能代表全小组，也渐渐地学会了倾听。此外，在遇到他人的意见和自己不一致时，大部分学生会选择"倾听他人的意见，吸收合理的部分"，同学们逐渐学会在交流中取长补短，合作学习。

五、《物体在水中的浮沉》长课时课例

（一）教学内容分析

浮力现象是学生熟悉的、感兴趣的现象之一。《浮力》单元属于《上海市小学自然课程标准（试行稿）》中的一级主题"物质世界"下的二级主题"运动和力"范畴，从物体的沉浮现象开始，探寻物体沉浮的规律，继而研究影响沉浮的变量——体积大小、重量、形状、密度（补充内容），最后形成对沉浮现象本质的解释。本单元的探究活动包括：观察浮力现象，认识物体在水中的沉浮，通过比较物体在空气中和在水中的重量，探寻物体在水中沉浮的原因（教学重难点），浮力的利用，改变物体的浮沉。

（二）根据学习需要调整学习时间

表 2–2　《浮力》单元课时划分与教学内容(35 分钟课时)

课时	教学内容安排(35 分钟)	用时情况
1	观察浮力现象,认识物体在水中的沉浮	时间比较充足
2	通过比较物体在空气中和在水中的重量,探寻物体在水中沉浮的原因	一节课时间比较紧张
3	浮力的利用,改变物体的浮沉	教学内容的多少可由教师选择,时间容易掌握

表 2–3　两课时连排的《浮力》教学内容安排(70 分钟长课时)

课时	教学内容	教学效果
1+1	观察浮力现象,认识物体在水中的沉浮(20 分钟) 通过比较物体在空气中和在水中的重量,探寻物体在水中沉浮的原因,探究物体所受到的浮力与其浸没在水中的体积大小有关(50 分钟)	缩短原先第一课时的内容,把多出的时间留给实验操作环节,使每个学生都有时间可以动手测量,增加教学内容,解决教学难点,同时还有充分的时间进行小组交流

在像《浮力》这样以实验为主的探究课上,两节课连排,教师就不用重复准备实验材料,更加节省了时间,提高了上课效率。节约出的时间,既可以让学生多动手操作,多交流汇报,老师也可以灵活使用,补充一些拓展的知识内容来解决教学中的难点与重点。

（三）指导小组分工合作完成探究活动

探究活动一：探究物体沉浮的原因

在长课时条件下,有时间让每一组都交流各自的实验数据与发现,在交流中,逐渐得出科学合理的实验结论;这种首尾相连的互评式交流也使每一组同学不仅关心自己小组的实验情况,也学会评价他人。同时因为"组内异质、组间同质"的关系,小组间的差异并不大,每一组都可以顺利完成实验,即使一些能力稍弱的同学也可以在组员的帮助下体验到实验成功的喜悦。

探究活动二：物体在水中受到的浮力和物体浸没部分有关吗？

对于物体在水中受到的浮力大小与哪些因素有关这一重要内容，教材中有所缺失。考虑到学生探究活动的完整性，在长课时的保障下，教师决定增加这个探究实验，让学生从观察物体的浮沉现象开始，继而通过测量物体在水中受到的浮力，揭示物体浮沉的原因；从探究物体在水中受到的浮力大小与哪些因素有关，到了解人们控制浮沉的方法，由现象到本质，最后形成有关浮力的科学概念。

通过两课时连排，师生共同经历探究过程，共同开展思辨性质的讨论，学生的思维能力、探究能力和合作精神都得到了有效提高。师生在多样的教学组织形式中不知不觉度过了 70 分钟快乐的学习时光。当然，就算第二节课的下课铃已经响起，学生在课后对浮力的探究依然可以继续下去！

第三章 有一种兴趣与年龄无关

　　把人根据年龄分隔开来是一件非常冷酷而又不符合人性的事情，对于儿童也是这样。这样也就会打断社会生活之间的联系，使人与人之间无法互相学习。绝大多数学校首先根据性别，然后根据年龄进行分班，这是一个非常大的错误，而且是很多罪恶的根源。

——蒙台梭利

"读书好，好读书，读好书"，冰心先生的这一句话实实在在地道出了她对于读书与人生的感悟；"养成良好的阅读习惯"也是语文老师时时挂在嘴边的要求。然而"阅读"本身是一个主动探究的过程，那些美丽的文字中所蕴含的所有的神奇和美好都必须源于孩子们愿意主动打开那些优秀的书籍，沉浸其中，静心阅读，了解作者对这个世界的观察和思考，获得全新的体验和感悟，从而得到积淀、促进和提高。多么美好的愿景，可惜当下学生的阅读现状却不容乐观。

　　在现有条件下，受制于教材"选文式"编选现状，受制于考试选拔的需要，师生阅读往往局限于教材，语文教材不仅成为学生阅读材料的主要来源，亦可视为大多数学生的阅读主体。而建立在教材基础上的、单一的阅读教学形式，早已不能满足学生的多元化需求和个性发展的需要。

　　我们曾对本校学生的语文学习情况进行过调查，结果显示，学生认为在语文学习中造成阅读与写作困难的最大原因是"课外书籍看得少"，建议"加强阅读，老师要多向学生推荐一些课外书，多一些阅读的时间"、"学习内容拓展，丰富知识面，开展一些课外活动"、"注重作文的讲解和阅读"等。显而易见，学生亟需增加阅读时间、扩大阅读量、多开展语文活动等来提升阅读素养。

　　为了拓展学生的阅读视野，弥补学生的阅读量，通常情况下，教师会以推荐书目的方式，不遗余力地推荐名家名作，鼓励学生开展课外阅读。但这种做法却常常流于形式，也很难检验学生的阅读情况和阅读效果。学生要么疲于应付学业、作业、考试，没有时间和兴趣阅读；要么受广告、影视等信息诱引，阅读的质量不能保证。有些学校尝试开设"阅读指导课"，但受到班级授课制整齐划一的局限，受到教师阅读兴趣或阅读教学理念的约束，指导效果并不理想。

　　因此，我们开始了"混龄走班主题阅读教学"的实践探索，希冀找到一条能够激发学生阅读兴趣，提升学生阅读层次，促进学生阅读能力提升的可行之路。

第一节　提供最充分的可能性

follow →

　　混龄编班是为实现一定的教育目的,教育者特意将不同年龄的学生(年龄跨度至少一年以上)编在同一班级中,对其进行教育的一种班级编制方法,由此而形成的班级则被称为"混龄班"。这种教学组织形式主要应用于幼儿教育领域,并得到较为广泛的认可。我校借鉴这种方式,在阅读教学中开展"混龄"、"走班"、"主题式"阅读教学的研究与探索,根据学生的实际差异和不同的阅读兴趣,提供给学生灵活选择的学习机会,增强阅读教学内容的适切性,努力实现阅读教学的有效性,为每一个学生提供有助于个人充分发展的机会。

一、什么是"混龄走班教学"

　　我校根据学生不同的阅读兴趣,实行六、七、八跨年级混龄、走班、主题式阅读教学,以增强阅读教学内容的多元性、选择性,同时又充分发挥教师的潜能和特长。

　　所谓"混龄走班教学",分别对应这样几个关键词:

　　"混龄"——减少年龄的限制;"走班"——减少班级授课制的局限,不同年段班级的学生在走班中自主阅读;"主题"——不同教师开设不同的阅读主题,由学生加以选择。

　　我校的"混龄主题走班阅读"以"兴趣培养、关注差异、激发潜能、创新发展"为开发主线,给予教师开发课程的自主权,让教师根据自己的兴趣、专长开设阅读课程,学生根据自己的阅读兴趣、阅读水平,选择相应的主题阅读课。

二、为什么是"混龄走班教学"

　　子曰:"知之者不如好之者,好之者不如乐之者。"

　　我们的出发点就是为了激发、培养、引导学生的阅读兴趣,让阅读成为一件乐事,一种享受。可是,怎么样才能尽可能地满足学生不同的阅读兴趣、阅读需求呢?我们首先想到的就是发动大家的力量,所有的语文教师都动起来,每人选择一个方面的一本书来指导阅读,让学生可以接触到小说、散文、诗歌、戏剧、文言等各种文学样式——

"总有一款适合你"。

显然，要想这样操作，固定的班级授课制是行不通的，于是"走班"就被提上了议程，教师进阅览室，让学生自由选择感兴趣的主题阅读。

但是，一个年级只有两位负责教师，那么学生也只有两个主题可以选择，是不是太少了呢？

自然而然地，打破年级界限，让各个年级的教师和学生都走起来，这样一来孩子们有了多个选择，阅读体裁也涵盖了小说、诗歌、戏剧、散文、文言各方面，最大程度地满足了学生个体的阅读需求。由"老师要我读这本书"变为"我要读这本书"，志同道合的师生走到了一起。教学组织形式的改变，充分激发了学生的学习兴趣，充分尊重了学生的阅读需求和阅读兴趣。

所以，"混龄走班主题阅读教学"就这样应运而生了。

三、"混龄走班教学"的价值

不同学生个体在兴趣、能力、学习特点、学习困难、学习愿望等方面存在差异，学生群体间也存在因年龄特点、所处发展阶段的不同而在学习和发展上形成的差异需求，实施"混龄走班主题阅读"，目的在于尊重差异、寻求发展。

"混龄走班主题阅读"，探索出的是"混搭式"课程研发与教学组织形式的变革。基于学生的差异需求，通过对时间、空间、人员、程序、学习内容等要素的重组和优化设计，改变传统教与学的结构和方式，满足学生个体的阅读需求，由"老师要我读这本书"变为"我要读这本书"。"志同道合"的师生走到了一起，大有"相见恨晚"之感，使课堂气氛发生了巨大的改变。课堂上，除了教师讲读、学生交流读书心得、展示阅读成果等以往常用的形式外，还尝试"混龄小组合作"、"阅读任务单"等阅读教学形式，充分调动学生的阅读积极性。

"混龄走班教学"改变了传统的阅读指导和学习方式，是有教师引领，有计划、有目标地在一学期中读完一本书。每堂课，不仅有讲读交流，教师每次还会开出"阅读任务单"，布置下阶段的阅读范围和要求，并根据不同年级提出不同的要求。这一过程，使原来的"泛读"变成了"精读"，使学生在教师的引领下走进了名家的精神世界，领会了作品的精髓。同时，又促使学生的学习方式发生了改变，使得学生从单一个体的阅读到生生合作、师生合作的研究性学习。

"混龄走班教学"也促使语文教师思考如何根据学生的实际差异,为学生提供灵活选择的学习机会;增强阅读教学内容的适切性,努力实现阅读教学的有效性,从而实践"大语文"的理念,为每一个学生提供有助于个人充分发展的经验。教师坚持"以学定教"的思想,根据学生的需求与差异,将学生的学习目标、内容、方法、进度、评价等实施差异化处理,形成不同的课堂组织策略,努力创造出"适应学生差异,促进每一个学生全面而有个性的发展"的学习环境。

"混龄走班教学"还促使每位语文教师的潜能得到调动,教学热情得到激发。语文教研组通过教研活动研究"新的组织形式下"如何改变"教学方式",由研究"一本书"到研究"一个系列",共同开发课程资源。更给学校带来"静悄悄的变化"——图书馆、读书角和教室之间形成了彼此照应的整体。更加可贵的是,阅读产生的效应还拓展发散到学生的语文学习、社会实践中,形成联动效应。

当然,我们也要清醒地看到,学生的学习和教师的教学依然受制于考试压力,阅读还不被一些学生重视;提高阅读效率,需要教师不断寻求好的方法;充分发挥学生的主体性,满足学生的个性化学习需求、多元化学习方式等,这些也都给教师提出了更高要求。

四、"混龄走班教学"的操作

在具体操作方面,我们得到了学校教导处、教务处的大力协助。

(一)学生报名与课程安排

我们把各位教师的阅读主题都发布在校园网上,让学生自主报名。当然,每个班是有一定的名额限制的,所以学生笑称现在选课得要有"秒杀"的本领。

我们把六、七两个年级六个班的阅读课安排到一个下午,在学校特地为此课题新建的几个设施齐全、宽敞明亮的阅览教室里开展阅读教学活动。图书馆事先根据教师的要求备齐了相关的图书,可供学生借阅。图书馆还采纳教师建议,购进一定数量的配套阅读材料,将图书馆和教室"连接"起来。

(二)活动内容与教学方式

1. 混龄走班主题阅读教学的内容设置

我们根据初中阶段语文课程标准的目标、内容和要求,以学生的个体差异为出发点,综合考虑初中各年段语文教材的编排、教学进度的推进以及校内几位语文教师的爱好与特长,反复讨论、精心挑选书籍,开设了以下主题(如表3-1所示)。

表3-1　混龄走班阅读主题

体裁	作品	教师	教材相关内容	课程标准要求
诗歌	《飞鸟集》	傅冰冰	七年级第一学期"少年诗情"; 九年级第二学期"诗海拾贝"; 八年级第一学期《笑》	阅读诗歌,能感受作者的感情,领会诗歌的语言特点。在阅读过程中陶冶情操,提高自己的文化修养。自觉提高阅读兴趣,扩大课外阅读量,逐步形成专题阅读的意识
	《繁星春水》	何炜		
散文	《林清玄散文》	陆敏	七年级第一学期《壶口瀑布》; 九年级第一学期"生活文化"等	阅读散文,能正确理解情境间的内在联系,把握文中体现的思想感情脉络。自觉提高阅读兴趣,扩大课外阅读量,逐步形成专题阅读的意识
	《目送》	薛嫣然		
小说	《城南旧事》	孙钰	七年级第二学期《爸爸的花儿落了》; 八年级第一学期"外国短篇小说选读"; 九年级第一学期《〈安徒生童话〉前记》等	阅读小说,能正确理解人物形象,理清情节线索,把握作品主题及社会意义,领会描写手法在作品中的作用。自觉提高阅读兴趣,扩大课外阅读量,逐步形成专题阅读的意识
	《老人与海》	宗卫华		
	《安徒生童话》	张豪		
戏剧	《雷雨》	曹之薇	八年级第一学期"戏剧天地"	阅读戏剧作品,能把握人物的形象特点和戏剧中表现出的矛盾冲突,理解作品所表现的主题思想。自觉提高阅读兴趣,扩大课外阅读量,逐步形成专题阅读的意识

体裁	作品	教师	教材相关内容	课程标准要求
古文	《世说新语》	冯颖	七年级第一学期《周处》等	能借助注释、工具书和有关资料，阅读课外浅显的古代短文（片断），读顺、读通并了解主要意思。自觉提高阅读兴趣，扩大课外阅读量，逐步形成专题阅读的意识
	《道德经》	李倩	六年级第二学期"先哲智慧"等	
古诗	《古诗十九首释手稿》	杨乐	六—九年级"唐诗精华"、"宋词集粹"、"散曲小唱"等	能借助注释、工具书和有关资料，阅读课外浅显的古代诗歌，读顺、读通并了解主要意思。自觉提高阅读兴趣，扩大课外阅读量，逐步形成专题阅读的意识
人物传记	《苏东坡传》	宗卫华、张豪	八年级第二学期"人物春秋"； 六—九年级《江城子》、《浣溪沙》、《定风波》、《黠鼠赋》、《饮湖上初晴后雨》、《记承天》等	阅读人物传记，了解人物的经历、品格、风尚，更进一步地了解作品中所蕴含的思想感情。自觉提高阅读兴趣，扩大课外阅读量，逐步形成专题阅读的意识

11 位语文教师根据自己的特长爱好选择不同的阅读主题，涵盖小说、诗歌、散文、戏剧等各个方面，给了学生最大的选择空间，真正照顾到了学生的阅读兴趣与需求。

2. 混龄走班主题阅读教学的教学方式

"教无定法"，由于阅读教学具有较开放的教育目标，综合性较强的阅读内容，强调学生在主动的活动中获得充分的阅读体验，加之我们面对的学生来自六、七年级，年龄特点、认知水平等差异决定了教师的教学活动无旧例可循，必须注意观察、不断调整、积极地运用各种灵活的教学手段，努力达到预设目标。并始终以激发、培养学生的阅读兴趣，充分调动、保持学生的阅读积极性为第一要务。

（1）"学习任务单"引领阅读。"学习任务单"是我们的发明，考虑到混龄走班教学每周只有一节课，课堂上主要是用来进行答疑解惑、交流讨论、点拨指导、精华欣赏等环节或者活动的，所选书本的阅读主要还是学生在平常的课余时间完成，在此期间的阅读指导、阅读反馈就有赖于这一张小小的"学习任务单"了。阅读是享受，不是负担。聪明的语文教师深深地明白这一点，所以任务单上没有抄写、不是题目，而是一句贴心的指引，或一个好用的建议。

如剧本《雷雨》的第一张任务单上就有这样一条：

"剧本的表现形式与同学们平时看到的小说、散文大相径庭，会有一点困难，别怕！

建议七年级的同学到教材里找一找戏剧的相关资料（课本"戏剧天地"单元），做一张资料卡片，下节课来为六年级的同学们作介绍。

六年级的同学们先别急着读这本书，可以先搜集一些作家作品的相关资料，写下来或者制成 PPT 都可以，下节课我们再来交流讨论。"

（2）因"材"施教，深入浅出。这里所说的"材"是文本的题材，是阅读课的教材。"混龄走班主题阅读教学"选用的教材都为名家名作，从文本体裁来看，有诗歌、散文、小说、戏剧等。我们根据不同体裁来研究主题阅读课最恰当的教学形式。如《目送》、《林清玄散文》的阅读教学，以单篇文章的阅读为主要形式。教师精心选择其中的一篇散文，或以问题引导读读议议，或以精妙词句赏析积累，或以学生问题质疑讨论，师生共同交流，体会美文佳句，亲近大师杰作。

而《繁星春水》、《飞鸟集》的阅读教学设计就不同了，针对诗歌抒情、短小的特征，主要以多篇组合的形式展开教学。如《飞鸟集》的阅读教学设计，将泰戈尔的诗分为哲理、人生、自然、母爱等主题，课堂上开展主题阅读，为学生创设一个交流思想、畅所欲言的环境。

至于曹禺先生的著名剧作《雷雨》的主题阅读，自然离不开观看、欣赏话剧表演，获得直接的感受。为此，教师特地找来了由达式常、濮存昕、潘虹等著名演员出演的明星版话剧《雷雨》的视频，遴选其中的精彩段落，让学生们好好过了一把话剧瘾，让他们知道除了电影、电视、游戏机之外，还有更好的休闲娱乐方式可以选择。

（3）多元评价，激趣促进。出于主题阅读教学激趣促进的目的，我们采用多元评价的方法，即个人与小组相结合，自评、互评、师评相结合，关注差异（包括年龄、能力、进步等）、鼓励创新，尤其肯定学生的学习积极性。

评价的指标关注以下几方面：①学生对阅读的兴趣是否保持；②学生的阅读量是

否提高;③学生的合作意识和能力是否体现;④学生的学习方式是否改变;⑤学生搜集、筛选信息的能力是否提高。

3. 混龄走班主题阅读教学中的教学行为

教师的教学行为是落实教学目标的关键。教学行为一般可归纳为三种:一是着眼于教师呈现知识与演示技能的呈示行为;二是着眼于师生之间相互作用的对话行为;三是着眼于学生自主学习活动的指导行为。根据新课程要求,教师要提高素质,更新观念,转变角色,贯彻以学生发展为本的理念,教师的教学形式必须要发生变化,其主要表现如下:

(1) 在教学关系上,教学行为应表现为引导与帮助。面对陌生的教材、陌生的课堂、陌生的同伴,学生在"混龄走班主题阅读"的课堂上既新鲜、兴奋又紧张、困惑。这就需要教师的主动引导与帮助。引导不是主宰,而应是含而不露,指而不明,开而不达。引导学生与文本对话,引导学生与学生之间对话,引导学生对问题的观察等。特别是在混龄教学的情况下,教师应多关注有困难的学生,引导他们融入课堂,树立自信。帮助不是包办,而是服务。帮助学生反思自我、搜集和利用学习资源,帮助学生发现自己的潜能等。

(2) 在师生关系上,教学行为应表现为尊重与赞赏。尊重学生的个体差异,让每位学生在"混龄走班主题阅读"课上感受读书的快乐。特别要尊重那些特殊的学生,如智力发展迟缓的学生、学习成绩不佳的学生、被孤立的学生、和自己意见不一致的学生。赞赏每一位学生的独特性,赞赏他们取得的哪怕是极小的成绩,赞赏每一位学生付出的努力和表现出来的进步。

(3) 在对待自我上,教师在实施教学的过程中做到不断地反思和改进。混龄走班阅读课使任课教师面临多元目标的挑战,教师所面对的学生,年龄不同,阅读能力不同,认知水平也不同,这使得教师的课程无法依据单一的发展目标和指导原则进行,教师只有在备课中更加关注学生的个体差异,因材施教,才能获得较好的教学效果。这对教师提出了更高的要求:教师的课堂设计既要考虑到学生已有的知识能力,又要顾及不同年龄的学生思维水平以及异龄之间的互补。教师在课堂教学中也要时时考虑到为低年龄学生营造内隐学习的背景。可见,混龄阅读课是对教师专业素质的一种挑战,在顺应学生发展需要的多样化的同时,教师的教育机智也逐步形成和提高。

五、"混龄走班教学"的注意点

"混龄走班教学"对我们而言是一个全新的尝试，几乎每走一步都是小心翼翼，重复着摸索、尝试、调整、反思的过程。通过几年的实践探索，我们认为在"混龄走班教学"中应注意以下两点：

（一）摆正教师的身份，关注阅读体验

新课程标准非常强调学生的实践与体验，所以在阅读课的教学活动中一定要让学生多实践多思考，一定要避免单纯讲授的弊端。虽然我们所选择的书籍都有一定的深度与难度，但仍然应该坚持留出充足的时间和空间让学生自己阅读，沉浸到文本中去。教师应该思考的是怎样激趣、如何引导，而不是分析中心、赏析词句，这些功夫完全可以留到语文课上去做，阅读课上就应该放下教师的身段，以一个爱读者的身份，与学生共同分享、交流阅读的感受和体会，那种教师一人唱大戏，满堂滔滔不绝的做法只会让学生倒足胃口，而完全背离开设阅读课的初衷。

所以，在这个活动中教师应该成为学生的学习伙伴。不仅在课堂上与学生互动交流，课后也可以与学生交流读书的心得，从这位作家的这本书到那本书，从这位作家到那位作家。只有教师成为学生最好的伙伴，共同参与活动，共同交流探讨才能真正实现教学平等，使学生学而不厌。

（二）相信学生的能力，关注个体差异

《繁星春水》、《安徒生童话》、《世说新语》；林清玄、海明威、曹禺……一本本脍炙人口的名篇、一个个如雷贯耳的名字。出于语文教师的品位与美好的愿望，教师纷纷选择名家名篇来开设主题阅读课，但是又对学生的阅读水平与领悟能力心存疑虑。而且，在"混龄走班主题阅读教学"中，我们还担心来自各个不同年级的学生在情感认知水平和文化知识水平上会存在较大差异。考虑到这种群体差异和文本阅读的难度，各位教师都在活动中预设了对各年级学生的分层指导要求，设想让高年级的学生在读书小组内起到引领、辅导和组织的作用，帮助低年级的学生完成学习任务，并将这些考虑和设想作为活动中的重点和难点予以关注。但是几次活动之后，教师纷纷发现了问题。

第一，学生对于文本的阅读理解水平远超教师的想象。拿到书本之后，他们不会坐等教师的分析和讲解,而是主动通过各种途径积极地搜集相关信息,很快就掌握了教师精心准备的资料,跟教师站在了同一起跑线上。并且,在整个阅读活动的过程中,他们还能经常联系和引用这些信息来帮助自己阅读。如果教师只是借助资料信息而缺乏自己独到的阅读体会与感受,那么在活动过程中一定会显得捉襟见肘,被学生抢了话头。

第二,在阅读过程中学生的阅读水平确实存在差异,但普遍与年龄、年级的关系不大,而是与每个学生本身的知识积累、语文素养、表达能力等相关,因此仍然是个体差异。可惜,这时已经课时过半,教师们虽然纷纷调整教学策略与指导要求,但还是存了一些遗憾的。试想,如果在活动启动之前,我们能进行一次较为全面的问卷调查,了解学生的课外阅读程度及水平,那么在预设教学活动时一定能更为合理、有效。

第二节 让孩子们真正投入其中

实施"混龄走班教学",旨在促使语文教师思考如何根据学生的实际差异,为学生提供灵活选择的学习机会;增强阅读教学内容的适切性,努力实现"大语文"的理念,让学生真正投入到学习之中。

班杜拉的社会学习理论强调观察学习在人的行为获得中的作用,在混龄教育的过程中,由于年龄差异和发展水平的差异构成异质学习群体,这一异质学习群体中的优秀学生为其他学生的发展提供了良好的学习榜样和模型;同时,在混龄教育中,不同年龄的学生在同一班级中共处,也增加了彼此之间的了解、交往和合作,进而促进不同年龄学生之间言语、行为的相互学习,共同提高和发展。清代文学家张潮在《幽梦影》中写道:"少年读书如隙中窥月,中年读书如庭中望月,老年读书如台上玩月,皆以阅历之浅深为所得之浅深耳。"这段话也可以理解为:不同年龄的学生读同一本书,其感受是不一样的。相信这样的经历,许多人都曾经有过。六、七、八年级的学生虽然年龄差别不大,但多了一年到两年的知识积淀,加上学生个体的差异,对文章的感受也会有所差别。考虑到这种群体差异和文本阅读的难度,我们在教学活动中会预设对各年级学生的分层指导要求,设想让高年级的学生在读书小组内起到引领、辅导和组织的作用,帮助低年级的学生完成学习任务。比如,把读读背背的内容留给低年段的六年级学生,把有一定思考容量的题目留给高年段七、八年级学生或六年级中基础较突出的学生,让他们互相提补、互相激发。这样既提高了学生的能力,又让他们起到了模范带头作用,每个学生都有很大的潜能可以开发。对有差异的学生采取"差异"的教法,逐步形成一种能促进每个学生都得到发展的机制。以下呈现几篇我们在实施"混龄走班阅读教学"中的优秀课例。

一、异龄互动,乐在其中

"混龄走班教学"改变了目前学校以班级授课制为单一教学组织形式的现状,采取学生根据自己的兴趣爱好选读阅读专题展开学习的形式,因而学生有非常高的积极性。由于是跨年级、跨班级授课,学生处于不同的年龄段,不同年级的学生相互交流、相互切磋、相互启发,使得阅读有了不同往常的体验。

（一）教材选择

林清玄的文章曾多次入选中国(包括港台地区)和新加坡的中小学华语教材,还曾被收入语文试卷,是国际华文世界被广泛阅读的作家。沪教版六年级第二学期中的《百合花开》就是他的作品。他的散文以清新温馨的语言、质朴的情感与或深或浅的哲理感动着当代无数的读者。有不少文章,或怀念少年时光、故乡亲人,或对生活中美好的事物抒情达意,皆情感醇厚真挚,说理浅显易懂。这些文章符合他一贯的创作理念,即认为唯有真情实感,才是一篇好文章最基本的要素。因修行的缘故,林清玄的很多文章涉及禅理。虽意境豁达通透,但对于青少年尤其中学生而言略显深奥,适合有更多人生阅历的读者品读。因此,陆老师选择的是《林清玄散文自选集(少年版)》。这是林清玄专门为少年编写的自选集,书中涉及多种观念,例如重视多元的价值,尊重个性的差异,培养关爱的能力、面对挫折的态度等等。全书共分四卷,分别为"天真的心"、"纯善的心"、"美好的心"、"庄严的心"。作者用各种不同的散文向我们表达了他对少年人生的见解。陆老师相信,如果学生们能够沉浸到作者的真挚和睿智中去,当他们走出来时,在思想上一定会有一次淬炼和新生。

(二)教学设想

1. 找准基点,倡导全员参与原则,力争"百花齐放,百鸟齐鸣"

混龄阅读学生根据自己的兴趣爱好选读阅读专题学习,因而大都有较高的积极性。课堂上,教师尽量做到少讲甚至不讲,比如可以在大家共同阅读相关篇目后,设计好问题,再经小组讨论、质疑、交流、成果展示后由学生感悟总结,再由教师点拨从而落实课堂重点、难点。

2. 找准突破口,倡导"兴趣中求发展"原则,力争做到"一把钥匙开一把锁"

即便有着共同的阅读兴趣,一个班级的学生的学习水平也绝非在同一起跑线上。教师要树立正确的学生观,要正视学生之间的差异。要把这种差异当作一种教学资源,而不是包袱,并充分利用这种资源。每个学生都有很大的潜能可以开发。比如可以把学生阅读中产生的问题抛给学生,由学生帮助学生解决,这样既拓展了六年级学生的知识面,也使七年级学生的知识点和创造性得到巩固和进一步的发展,同时也培养了学生的自信心和进取心。

3. 保证课堂效率,对课堂教学内容进行有效处理

混龄走班阅读课一共只有 10 课时,无疑给教学任务的完成增加了难度,课时减少但对学生能力的要求却不能降低,这就要求我们必须思考如何提高课堂教学效率。一节课只有 40 分钟,学生既要品读文章,又要思考问题,甚至还要讨论……这些任务往往很难全部达成,这就需要学生自主阅读。如何有效地自主阅读,以利于课堂效果的呈现,也是教师需要思考和指导的。教师通过努力,期望能帮助学生在学习过程中培养合作意识,学会与他人共同探讨、研究问题。通过互动交流,分享阅读成果,提升阅读能力,掌握散文阅读的基本方法,同时感知林清玄散文的写作风格,以读促写。

(三)教学实施

1. 教学准备

将学生分成六组,每组同学中既有六年级学生也有七年级学生,方便讨论交流;观看一段中央电视台《开讲啦》播出的有关林清玄的视频,进一步了解其人其事,激发学生的阅读兴趣;下发"学习任务单",要求学生自主阅读卷一《天真的心》和卷二《纯善的心》中有关动物的篇目,准备课堂交流。

2. 教学过程

首先，在学生自主阅读后，根据"学习任务单"（附后）中的内容分组交流，在这一过程中，要求每位学生都说说自己的阅读感受，这样一方面锻炼学生的语言表达能力，另一方面可以让不同年龄、不同班级的学生互动交流，各抒己见，这样就有可能经过思维的碰撞，产生意想不到的效果。

其次，在学生充分交流后，请每组选派代表总结小组的学习成果。每组学生选出的代表必定有某方面突出的能力，这样既彰显了学生的个性，同时也锻炼了学生的思维能力。每个小组的发言代表往往都是七年级的学生，他们的发言较之六年级学生更具条理性，这样又一次发挥了混龄互助阅读的优势，年龄的差异势必带来认知水平的差异，合理地利用这种差异便于年龄小的学生加以模仿和借鉴。

最后，教师根据学生交流的情况适当总结，并将学生还没有解决或发现的问题提出来，做进一步的讨论和思考。

比如，阅读《巴西来的乌龟》一文，学生往往会忽略最后三段，甚至不明白结尾的意思，教师可以进一步提问：作者用乌龟外壳比喻什么人？为什么要写最后三段？也可以告诉学生，历史上也有一篇文章告诉了我们同样的道理——《生于忧患　死于安乐》，引导部分有兴趣的同学课后阅读，为八年级学习这篇文章做好铺垫。再如《在流浪狗的眼睛里》，作者写了很多别人对待流浪狗的态度，那么作者对待流浪狗的态度又是怎样的呢？

问题的提出有助于学生对文章有更深入的理解，同时教师在这一过程中也可以进一步指导散文阅读的基本方法。一节课 40 分钟，不太可能面面俱到地将所有篇目的问题都解决，但这样的上课形式肯定会引发学生的进一步思考，也许学生重读其中的篇目，会受到课堂上的启发，产生新的理解；也许同学与同学的互助阅读，使他们的交流延伸到了课后……

最后的作业环节，教师一方面要布置下节课的学习任务，另一方面也要总结这节

课的学习成果,对不同年龄的学生提出不同要求。例如要求六年级学生谈谈课堂上学到的阅读方法:

　　我们在互助阅读、交流感受的同时了解了诸多的阅读方法,从下列方法中,选择你有所感触的一种或几种,谈谈对你的启发。

朗读☐　　　　抓线索☐　　　　抓关键句☐　　　　关注题目☐

批注☐　　　　读后感☐　　　　质疑☐　　　　比较阅读☐

其他:

启示:

七年级学生可以模仿写作:

　　"发现生活我来写"

　　我们看到林清玄善于用一双慧眼观察生活中微小的事情,思考其中所蕴含的哲理,你能不能也来写写自己在生活中的发现呢?

　　题目:《生活中的发现》

　　要求:1. 细心观察生活,有真情实感。2. 不少于300字。

(四)教学反思

　　"水尝无华,相荡乃成涟漪;石本无火,相击而生灵光",不难看出,正是在混龄互动的思想撞击中,灵感的火花才能迸发出来。混龄阅读课打破了师生交流时的局限,极大地促进了学生的发展。

　　首先,混龄互助阅读有利于形成良好的学习氛围。与教师相比,大同学与小同学之间的情感更为靠近,更容易沟通。大家用一种平等的身份互相切磋,大同学分享经验,小同学积极地借鉴、学习,大家就像兄弟姐妹一样毫无顾虑地表现自己、欣赏他人,

无形之中,孩子们在这种愉悦的情绪中不断进步。这种良好的情绪极大地提高了学生学习的有效性。比如:

> 一位七年级的学生在学习体会中写道:"你有一个想法,我有一个想法,互相交换,每个人就有了两个想法。混龄阅读课为我们提供了交换想法的平台。作为七年级的学生,我能听到六年级学生与我的不同看法,他人的看法再与我的相结合,又形成了新的认识。这种'一加一等于三'的学习方式,拓宽了我的视野,让我收获颇丰。"
>
> 六年级的学生则说:"七年级的哥哥姐姐们对文章的很多感受和理解,有些是我想不到的,可以说他们发掘了隐藏在文章中的内涵,而我只读出了表层意思,这种能力让我很羡慕。"

其次,混龄互助阅读有利于激发学生的潜能。知识建构学习论强调学生在学习中的归属感、信任感、互惠感和分享感,这些在活动中都能体现出来:小同学听到大同学的阅读感受,对自己的认知有了提升,使进步空间达到最大化;而大同学也在表达的过程中,看到自己能力的延伸,油然而生一种成就感。一位七年级学生在谈学习体会时说:"课上,同学们发言踊跃,颇有'头脑风暴'的意味,同学们似乎都摆脱了'不敢说'的状态,有些同学发言特别精彩,我们会情不自禁地为他鼓掌。"

最后,混龄互助阅读也有利于学生学习的可持续发展。六年级学生刚从小学阶段的顶峰走下来,即将要翻越初中这座高山,他们对于初中四年的学习抱着一种仰视的态度,心中难免有不安与困惑,通过互助交流活动,他们会模仿大同学的学习经验,在将来的学习中不断探索和进取;而七年级学生储备了一定的学力与经验,通过互助阅读引导好学弟学妹们前行的经历,更明确了自己的学习目标,他们会带着小同学的一份信任,更加努力地学习,并主动克服自身的不足,发挥出榜样的力量。他们也会在以后的互助学习中更加认真地研究指导的方法,让自己更加成熟。一位七年级学生在体会中写道:"六年级同学可以从高年级同学那里汲取智慧,加快学习的步伐,他们也可以窥见学长们的学习方式、态度并对他们起到激励和引领的作用。反观七年级同学，他们更多的是发现自己近一年来的改变、成长，六年级同学犯的错误是对自己的警戒，自己的长处又值得珍惜和保留。"

作为教育工作者，我们都知道，学生到学校来学习和生活，都在寻找种种方式满足自己与人交往与合作、友谊、自尊等需要。这些需要的满足程度极大地影响着学生对学习的喜爱程度、努力程度和达标程度。因此，我们只有创设良好的条件满足学生的上述需求，才会激发他们的学习主动性和积极性，才有可能帮助他们取得学业成功。混龄走班阅读，正是基于此而开展，让学生真正投入其中，体会一起学习、一起阅读的乐趣，让学生的发展落到实处。

二、读《老人与海》，品硬汉精神

在"混龄走班教学"实践中，宗老师指导六、七年级学生阅读海明威的小说《老人与海》。开设《老人与海》的主题阅读课程，如果学生能从老人身上感受到海明威式的硬汉精神，能认识到人生之路不会一帆风顺，不如意事十有八九，能学会不怕失败、蔑视失败、勇敢地面对失败，尽自己最大的努力与生活中的磨难作不屈不挠的斗争，这就已经达到了选择这部小说作为阅读教材的初衷了。另外，小说具有语言简洁明了、生动有力的特点，对于六、七年级的初中生来说，是很好的赏析教材，对于他们写作语言的精炼明了，有很好的借鉴作用。

（一）学情分析

之所以开设《老人与海》这门课程，主要是考虑到学生的阅读需求。世上的书籍如汪洋大海，而学生的阅读时间是有限的，在有限的时间内，要提升学生的阅读素养，帮助学生去发现和品尝阅读的快乐，形成自己的阅读趣味，提高阅读品味，经典作品是较好的选择。初中教材汇聚了很多经典作品节选，却没有包含海明威的任何一部作品（节选）。

选择《老人与海》是让学生对海明威及其作品有大致的了解，另外，《老人与海》的内容通俗易懂，语言生动活泼，情节跌宕曲折、扣人心弦，而且篇幅也不长，非常适合六、七年级学生阅读欣赏。尤其是小说体现出的不轻易向命运屈服，永不言败的精神，对于六、七年级学生树立正确的人生观、价值观具有积极意义，是一部充满正能量的小说。从学生的年龄、兴趣以及阅读基础方面出发,宗老师最终选择了开设《老人与海》这门课程。

（二）教学目标

认识"老人不是一个失败的英雄"。

（三）教学难点

如何理解"失败的英雄"。

（四）教学过程

1. 什么是失败?

人去做一件事情,没有达到预期的目的,这就是失败。

师补充:在人生的道路上,"失败"这个词还有另外的含义,即指人失去了继续斗争的信心,放下了手中的武器。

2. 文中的老人是否失败了?

（学生讨论）

预设:

（1）老人到海上去捕鱼,没有鱼来咬他的钩,天天如此,于是他常常失败。

（2）人类向限度屈服,这才是真正的失败。而没有放下手中的武器,还在继续斗争,继续向限度挑战的人并没有失败。如此看来,老人没有失败,老人从未放下武器,只不过是丧失了武器。老人没有失去信心,因此不应当说他是"失败了的英雄"。

（3）再聪明再强悍的人,能够做到的事情也总是有限度的。老人不是无能之辈,然而,尽管他是最好的渔夫,也不能总让那些鱼来上他的钩。他遇到他的限度了,就像最好的农民遇上了大旱,最好的猎手久久碰不到猎物一般。但老人没有放弃,他继续与鲨鱼搏斗,因此,并不能说是老人失败了。

（4）在84天没有捕到鱼的情况下,老人没有沮丧,没有倦怠,他继续出海,向限度挑战。他终于钓到了一条鱼。鱼把他拖到海上去,把他拖到远离陆地的地方,在海上与老人决战。在这场鱼与人的恶战中,鱼也有获胜的机会。鱼在水下坚持了几天几夜,使老人不能休息,穷于应付,把他弄得血肉模糊。这时,只要老人割断钓绳,就能使自己摆脱困境,得到解放,但这也就意味着宣告自己是失败者。老人没有作这样的选择,甚至没有产生过放弃战斗的念头。他把那条鲨鱼当作一个可与之交战的敌手,一次又一次地做着限度之外的战斗,他胜利了。

（5）老人载着他的鱼回家,鲨鱼在路上抢劫他的猎物。他杀死了一条来袭的鲨鱼,但是折断了他的鱼叉。于是他用刀子绑在棍子上做武器。到刀子又折断的时候,似乎这场战斗已经结束了。他失去了继续战斗的武器,他又遇到了他的限度。但是,他又进行了限度之外的战斗:当夜幕降临,更多的鲨鱼包围了他的小船,他用木棍、桨甚至舵和鲨鱼搏斗,直到他要保卫的东西失去了保卫的价值,直到这场搏斗已经变得毫无意义的时候,他才住手。

3. 什么也没有得到的老人不是失败者,但怎样理解他胜利了?

（1）学生分组讨论

（2）教师归纳总结

圣地亚哥是"生命英雄"的象征。他敢于向人生的种种磨难宣战,向人的生命的极限挑战并超越它,以生命换荣誉、换尊严,从前所未有的角度震撼人心地展示了人的生命价值。在与大海、大马林鱼和鲨鱼的较量中,他以自信、勇敢、强悍的英雄形象奏响了一曲深沉低回的大提琴协奏曲。

胜利就是战斗到最后的时刻。老人总怀着无比的勇气走向莫测的大海,他的信心、勇气和意志力是不可战胜的,从这层意义上说,老人就是一个胜利者。

他和其他许多人一样,是强悍的人类的一员。正像老人每天走向大海一样,很多人每天也走向与他们的限度斗争的战场,仿佛他们要与命运一比高低似的。他们是人中的强者。

4. 小结

在人类前进的道路上,强者与弱者的命运是不同的。弱者不羡慕强者的命运,强者也讨厌弱者的命运。强者带有人性中强悍的一面,弱者带有人性中软弱的一面。强者为弱者开辟道路,但是强者往往为弱者所奴役,就像老人是为大腹便便的游客打鱼一样。

《老人与海》讲的是一个老渔夫的故事,却揭示了人类共同的命运。我们佩服老人的勇气,佩服他不屈不挠的斗争精神,也佩服海明威。

5. 作业

再次阅读小说,找出描写老人心理活动和动作的有关语句,充分证明老人是个英雄。

（五）教学反思

1. 激发了学生的阅读兴趣

混龄走班主题阅读教学满足了学生个体的阅读需求，由"老师要我读这本书"变为"我要读这本书"，课堂气氛发生了巨大的改变。课堂上，教师通过各种教学形式开展教学。除了教师讲读、学生交流读书心得、展示阅读成果等以往常用的形式外，教师还尝试了"混龄小组合作"、"阅读任务单"等阅读教学形式，充分调动学生的阅读积极性。

2. 改变了学生的阅读习惯

以往我们也曾不遗余力地推荐学生阅读名家名作，但常常流于形式。教师往往很难检验学生的阅读情况和阅读效果。"混龄走班主题阅读教学"是由教师引领，有计划、有目标地在一学期中读完一本书。每堂课，不仅有讲读交流，教师还会开出"阅读任务单"，布置下阶段的阅读范围和要求，并根据不同年级提出不同的要求。这一过程，将原来的"泛读"变成了"精读"，使学生在教师的引领下走进名家的精神世界，领会作品的精髓。

学生阅读习惯的改变还体现在：从单一个体的阅读到生生合作、师生合作的研究性学习；完成阅读作业的方式和时限也有很大变化，由原来的短作业变成了长作业，作业也具备了开放式的特点。

3. 改变了教师的教学观念和行为

"混龄走班主题阅读教学"使每位语文教师的潜能得到调动，教学热情得到激发。由于选择这门课程的学生，在阅读能力、阅读兴趣和年龄等方面都存在着明显差异，所以在课上教师呈现的阅读教学内容也是多元性的、选择性的。学生学习的形式可以多种多样，有小组讨论，有专题讲座，有课堂剧表演……学生的作业和评价也是根据学生的兴趣而定，同样是灵活和自由的。作业的形式多样，学生可以完成任务单，可以设计小报，可以做摘抄，也可以写读书心得，充分体现了学生的个性，培养了他们自主、主动的阅读习惯，对改变教师固有的教学观念和方式也产生了潜移默化的影响。

三、越名教而任自然

《世说新语》是南北朝的刘义庆等人所编，主要记录魏晋名士的逸闻轶事和玄言清谈,也可以说这是一部记录魏晋风流的故事集,是中国魏晋南北朝时期"笔记小说"的代表作,是我国最早的一部文言志人小说集。其中关于魏晋名士的种种活动如清谈、品题,种种性格特征如栖逸、任诞、简傲,种种人生的追求以及种种嗜好,都有生动的描写。

《世说新语》的篇幅都相对短小,所以在课上能完整地阅读一篇或若干篇,而且刘义庆等人遗貌取神的写法,学生读来,眼前即能浮现鲜明的人物形象,对其在写作文时抓住典型特征描写、塑造人物有着一定的启迪作用。《世说新语》在语文教材中有一定的选文数量:如沪教版六年级上的《陈太丘与友期》,是初中阶段的第一篇古文,其地位与意义不言而喻。又如,作为初三中考文言文考试篇目的选入沪教版七年级上的《周处》、九年级的《咏雪》等,都是经典篇目。另外,在考试的课外文言文选文上,《世说新语》的经典篇目也频频出现。

授课班级是由有着共同阅读兴趣的学生自主选择组成的。《世说新语》中的古文篇幅短小,也较为浅显易懂,所选版本为中华书局 2014 年版本。该版本文白对照,所以在对文章的理解上,几乎没有什么障碍,因此学生群体主要以六、七年级中对该书有阅读兴趣的学生组成。这两个学年段的学生为初中的低年级学段,就文言文的积累而言,一部分学生可以说是零基础,但对文言文很有兴趣;另一部分经过近一年的初中文言诗文的学习,有一定的积累与基础。这两个年级的学生进行混龄阅读,正好可以互补互学,互增互长。

(一)教学目标

通过研读,了解并概括"任诞"表现,通过讨论、交流,能准确而深入地评论"越名教而任自然"。

(二)教学过程

1. 导入

魏晋距今已有一千余年,然而名士们的风采依然为千年后的我们所神往、追慕。余秋雨说:"有过他们,是中国文化的幸运;失去他们,是中国文化的遗憾!"魏晋犹如一颗明珠在历史的天空中熠熠闪光,它或许没有唐朝那样耀眼明亮,却是最为独特的一颗,散发着动人心魂的光芒。它是一个真正的乱世,然而魏晋的名士们却以动人的旋律和着乱世之音舞出最美的风情!

今天我们要学习的是《〈世说新语〉选读》这门课程的专题，是非常能体现魏晋名士独特风采的！

2. 说说"任诞"表现（大讨论）

这节课我们主要通过《世说新语》"任诞"篇中的四则来领略名士们的风采。想要问问大家，这四则都能看懂吗？

（1）请同学朗读全文。

（2）从中选择一则，结合具体语句，说说主人公的个性。（即结合相关内容说说其"任诞"[即任性放达]表现在哪里）

教师自备：

第一则：阮籍在居丧期间大肆饮酒吃肉，还在一向主张"以孝治天下"的晋文王司马昭面前大吃大喝，表明他对礼法的公然挑衅与蔑视。

补充"守丧礼制"：

《仪礼·丧服》中提出了子为父母、妻为夫、臣为君的三年丧期（实际为27个月）。其后直至汉初汇集成的《礼记》一书，又对三年丧期内的守丧行为在容体、声音、言语、饮食、衣服、居处等方面提出了具体的标准，如丧期内不得婚嫁，不得娱乐，不得洗澡，不得饮酒食肉，夫妻不能同房，必须居住在简陋的草棚中，有官职者必须解官居丧，等等。

东汉时期，三年之丧在社会上已蔚然成风。按照汉代的居丧之礼，死者的某些亲属主要是子女葬后应居住在墓旁的草屋中，并不得饮酒吃肉，不得婚嫁，不得娱乐，不得访友，有官职者必须解官居丧。

第二则：虽然阮籍没有依照居丧之礼对待先母，又是吃肉又是喝酒，也只哀号了一声，却"吐血"、"废顿良久"，说明他虽然没有按礼节尽孝，却是真心为母亲的去世悲痛。

第三则：喜欢美丽的女子，就"眠其侧"，一点儿也不顾及男女交往之礼，却心如明镜,女子的丈夫都觉得其磊落。

补充"男女交往之礼":

《孟子·离娄上》:"男女授受不亲,礼也。"(旧指男女不能互相亲手递受物品。/男人和女人的动作不要亲密,这就是礼仪。)

《礼记·曲礼》:"男女不杂坐,……不亲授。"

《左传》:"男女之别,国之大节也。"

第四则:王徽之一天夜里睡醒后,因景生情,想起友人,便动身前去,乘坐了一整夜的船才到朋友家,却不进去会见友人,而是即刻打道回府,做事随心所欲,率性而为。

小结:不拘礼法的阮籍、率性而为的王徽之等一批名士开了魏晋"旷达任诞"之风,而在狂放不羁的"任诞"行为背后却又能看见他们至真至情的自然之性。他们演绎的正是"越名教而任自然"(超越世俗礼教而任由自然之情,循其本性)的风度。(板书:风度)

3. 评论"任诞"行为(小辩论)

请你选择其中一人,并结合相关资料以今人的眼光评论其"任诞"。

先让学生写下自己的看法,再进行小组交流。

教师自备:

1. 阮籍——黑暗现实的无奈选择

补充:

(1)阮籍《咏怀》(八十二首其一):夜中不能寐,起坐弹鸣琴。薄帷鉴明月,清风吹我襟。孤鸿号外野,翔鸟鸣北林。徘徊将何见?忧思独伤心。

(2)鲁迅先生说:"他的饮酒不独由于他的思想,大半倒在环境。……因为他们生于乱世,不得已,才有这样的行为,并非他们的本态。"(《魏晋风度及文章与药及酒之关系》)

阮籍不满当时已经名不符实的礼教，司马昭身为曹魏大臣，却篡权夺位，以下犯上，实为不忠不礼，但篡位成功后，却以孝以礼治天下，打着"名教"的幌子杀害异己。司马氏提倡的"名教"只是虚伪的口号，因此遭致以竹林七贤为首的名士们的不满与厌恶。——鄙弃名教，是不与之合流的一种表达方式。

然而，阮籍虽不满司马氏政权，但迫于压力还是接受了司马氏授予的官职，在政治立场还是与司马氏站在了一起，没有像嵇康那样采取完全不合作、决然反抗的态度，也正因为此他才能幸免于难。——任诞放纵，是对假礼教和黑暗现实的无奈反抗。

小结：因此，阮籍喝酒是因为需要用酒浇胸中块垒。

2. 王徽之——超然物外的精神追求

补充学者观点：

突出晋人注重过程、忽略结果的潇洒人生境界。……在王子猷这些名士看来，生活的意义不在于它的最终结果，而在于其过程本身。因为目的带有强烈的功利与实用性，它是束缚人的自由的枷锁。没有目的，人就获得了行动的自由。在王子猷的行为中，就全然没有目的驱使。……用他自己的话来说，就是"吾本乘兴而行，兴尽而返，何必见戴"？见戴——过程的终结并不是他的目的，他的目的在于兴之所至的过程本身。对于他们来说，生活的审美价值要高于实用价值。（南开大学宁稼雨《名作欣赏》2011年上旬3期）

礼教习俗成了多余之物，功名富贵被看淡。王子猷以审美的非功利人生态度取代现实功利的人生态度。

小结：王徽之"雪夜访戴"透射出其超然物外的精神追求，从中我们可以窥见名士追求生命自由的灵魂。

3. 魏晋名士——特立独行的个性之美

　　一位网友说："中国文化史上鲜有如此放旷自然的生命。错过魏晋，义理成风，规矩长存，中国名士们再也不敢纵酒狂歌，散发山阿，白眼向权贵，折齿为美人……"

　　同学们，你能从他们身上感受到一种共同的光辉吗？

　　教师自备：阮籍借"越名教"曲折表达内心对司马氏政权的不满，恰恰说明了他对自身价值的肯定；王徽之"任自然"的精神追求，是对自我个性的尊重。"越名教而任自然"的背后是他们"自我意识的觉醒"。没有"自我"、没有"个性"的任诞行为一定是失魂的。

　　小结：特立独行的个性，让魏晋名士的"风流"成为一道独特的风景，自立于历史文化之林，而不被淹没。

　　4. 演读、背诵

　　总结："魏晋风度"像一面镜子，照出我们心灵深处的尘埃。希望同学们能从中汲取人生的营养，让自己在面对困境时多一点儿通脱达观。这也是我们学习古代经典文化著作的一种当下意义。

第四章　走进没有分科的真实世界

我们要解放小孩子的空间,让他们去接触大自然中的花草、树木、青山、绿水、日月、星辰以及大社会中之士、农、工、商、三教九流,自由地对宇宙发问,与万物为友,并且向中外古今三百六十行学习。

——陶行知

课程改革的目标是使学生发展成为一个"整体的人"。"整体的人"的发展要求个体、自然与社会的和谐发展。美国教育哲学家杜威说："只有当相继出现的经验彼此结合在一起的时候，才能存在充分完整的人格。只有建立起各种事物联结在一起的世界，才能形成完整的人格。"教育如何使学生成长为一个"整体的人"呢？"整体的人"的形成不是不同学科知识相加的结果，也不是条分缕析的理性思维的还原。它一方面需要个体通过丰富多彩的生活体验和个性化的创造表现丰富人生的内涵和生命的质地，另一方面需要个体以宽广的胸襟向整体的生活敞开，加强与日常生活的联系，同自然、社会和自我做真实的对话与交流。因此，个体作为一个整体的存在方式要求学校课程能为其提供整体的内容和时空，要求学校课程突破学科疆域的束缚，向学生的生活世界和经验回归，把自然、社会与自我作为课程开发的基本来源，让学生走进一个没有分科的真实世界。

第一节　突破"学科"的限制

follow

学校课程都是以"学科课程"（subject curriculum）为中心分化成各门学科为基本特征的。这种分化并列主义课程在内容与方法上以各自专业领域的科学为背景，以"专业分化"为特征，并不考虑彼此之间的关联性。因此，学科课程的原点在于"分成众多的科目、各自独立授受"的分化课程。这种课程的弊端是"经验片断化"与"知识割裂化"。况且，要把无限发展的人类知识的所有领域均纳入学校的课程原本也是不可能的。这样，"统整"便势所必然了。

"学科统整"是根据科学性原理和学校的培养目标，以及学生的实际，进行系统与集约化设计，使之成为可以直接实施的教学内容并展开有效教学实践的过程。所谓"统整"，其实是"统筹"与"整理"，其核心是立足教材，确立目标，合理运用，有序呈现。

一、统整：软化学科界限

（一）学科统整的内涵

扎根于分科主义的学校课程须将"信息化"和"国际化"的学习问题与学生的生活经验整合起来，构筑"跨学科课程"（interdisciplinary）或"学科交叉课程"（cross-disciplinary curriculum），为整合学科的设计开拓新的视野。"学科统整"不仅仅是一种课程的设计方式，也涉及知识论与课程观的差异。而学科统整的形态则软化了学科之间的界限，所有概念的学习旨在理解真实生活的问题，因此，整个学习活动的安排都由师生共同参与，重视学生的主动建构。"学科统整"的研究特色就在于寻求学科内容的相关性，以求课程的精要化；同时强调学生主动活泼的学习，而不是教师强加的被动学习。

学科整合不仅是一种组织课程内容的方法，也是一种课程设计的理论以及与其相关的学校教育理念。广义的学科整合包括四个层面，即经验的整合、知识的整合、社会的整合和课程的整合，其最终目的在于学校教育与民主、社会的统整。这是整合的、进步主义教育思想的一部分。狭义的学科整合是指一种特定的课程设计方法。综合课程是把有内在联系的不同学科、不同领域的内容或问题统整成一门新的具有培养和发展学生综合能力、态度和情感的教育内容的学科。

（二）学科统整的意义与价值

1. 对于主体的调动性：有利于教师角色的转变和提高教师对教学内容的统整能力；也有利于学生积极性的提高、参与度的增加和接受质量的提升。

2. 对于客体的整合性：有利于各课程要素间的整合，增强课程设置的合理性。

3. 主客体联系的更新：有利于教师增加知识储备，融合设置课程；有助于学生转变学习方式，灵活运用知识。更加注重学生的探究学习与教师的指导作用，契合了中国教师和学生的思路，有利于知识、经验和社会的统整。

二、学科统整的模式建构

课程整合不存在统一的模式，可以采取不同的方式。

（一）学科整合课程

作为特定的课程设计模式，课程整合在学校教育实践中最为典型的体现是学科整合课程。学科整合课程意在整合各学科知识，以减少课程内容的重叠与分化，彰显知识、技能与生活世界的联系及其价值。常见的学科整合课程类型如下：

1. 多科整合课程（Multi-Disciplinary）。在这种整合课程中，各学科保持独立地位，课程内容分属于不同科目领域，学科特点影响教学和评价。

2. 科际整合课程（Interdisciplinary）。这是目前学校中最为常见的课程整合类型。甚至有学者认为课程整合就是指科际整合课程。科际整合课程的特点往往是以组织中心，如主题、问题、概念、基本学习内容、技能或课程标准的要求来连接不同学科（虽然课程内容是相互关联的，但是所属学科仍然可以辨认），目的在于使学生能够从多重视角整合地处理与组织中心相关的信息和观点，以便更全面、客观地理解知识和解决问题。

3. 跨学科整合课程（Integrated or Transdisciplinary）。这种课程模式的特点是：学科不再是组织中心，它们被融入单元或主题之中；非常重视课程与真实情景和世界的联系；学生作为研究者参与学习活动。跨学科整合课程的方法有时也可以应用于多学科或科际整合课程中。

（二）基于不同的价值取向——知识、学习者和社会的整合课程

根据课程的三大来源，课程设计可以分为学科中心的设计、学习者中心的设计和问题中心的设计。这一划分方法同样适用于整合课程。这种划分实质上是对学校整合课程发展历史的描述性分类。在学科中心的设计中，相关课程、融合课程、广域课程不言而喻是基于学科知识的设计，是对传统的学科课程所做的改进与扩展，仍然保留着知识的逻辑结构。学习者中心的设计以学生的兴趣、需要为核心，主张学习者在与环境的交互作用中主动地学习。问题中心的设计以个人生存问题与重大社会问题为核心。

（三）统合知识、学习者和社会的整合课程

整合课程从诞生起就不只是一种狭隘的课程组织技巧，而是进步主义教育思想的一部分，包含着统整学校教育、社会与民主的多层含义。这是课程整合理论的最终理想。这种课程整合模式从学科知识、学习者和课程、学习者本身、学习者和社会四个层面来划分，与课程整合的经验、知识、社会和课程四个层面的主张有异曲同工之妙。

三、学科统整的实践

构筑"跨学科课程"或"学科交叉课程"的研究，将为学校课程的设计开拓崭新的视野。所有概念的学习旨在理解真实生活的问题。所以，由主题的形成到概念的分析，整个学习活动的安排都由师生共同参与，重视学生的主动建构。"学科统整"的研究特色就在于寻求学科内容的相关性，以求课程的精要化；同时强调学生主动活泼的学习，而不是教师强加的被动学习。这种课程的重要意义是使每一个学生构筑起"知识的网络"。这种"知识的网络"不仅是记忆现成的知识、概念，也是基于每一个人的主体性学习所构筑的能动的"人类知性"。

在"学科统整"的学习中，学习的课题大体是由教师设定的，在该课题下学生自己去发现探讨课题，并以个人或小组的形式展开探究。这种探究学习的特点，第一，在于问题的质。学科教学的场合，学习的内容是已经结构化了的，结论也是明确的。但在这种探究学习中，课题是真正现实的课题，有一定难度、不是轻而易举就能解决的问题。第二，在于探究的过程。没有现成的答案，课题的答案是随着探究过程的展开逐渐浮出水面的。第三，在于需要持续地探究。这样，就得在认真教授学习方法的同时，培养探究的态度和熟练的技能。

课程整合立足于改造课堂，以"兴趣值（是否愿意学）、方法值（是否会学）、容量值（是否学得丰富）、意义值（是否促进生命发展）"这四个增值点考量学生的学习是否"增值"；变革学习方式，以"小组化学习"为重要的学习方式，通过自主探讨、分组讨论、合作探究，将学生的问题转变为课程资源，发挥主体建构性，提升学生的学习能力，促进学生全面而有个性的发展。这样的课程与课堂设计，同样体现了江宁学校"不一定第一，但绝对唯一"的教育理念。

江宁学校多样化、全方位的课程整合主要探索了三种途径：

（一）学科内整合

学科内整合是指在某一学科内，在国家统一标准、地方统一教材的基础上，打破以往只使用一个版本教材的局限，通过引入多版本教材、调整学习内容与教学的重点和进度、重新设定课时长短来实现的一种整合方式。主要操作有：

1. 规划主题模块，每个模块有一个大的主题，并按照主题内容开展教学活动，同时对整个模块进行重新布局、调整。立足教材，对教材本身的资源进行有效的重组，使课程目标的意识更强烈，使教材的知识结构更系统、合理。

2. 按教学主题需要，调整、补充教学内容，或推荐学习材料，使知识内容更合理、厚实。

（二）跨学科整合

学科间整合是根据学生学习的需要，打破泾渭分明的学科间的界限，以统一的主题、问题、概念、基本学习内容连接不同学科。学科间整合的目的在于使学生在此过程中建立系统的思维方式，体验知识之间的联系。其中，以"主题"统领课程，开展跨学科整合的方式最具实效。

通过跨学科课程的学习，其中心目的是促进学生学习的综合化，使学生的知识结构和知识体系成为一个紧密联系的整体，形成整体知识观和生活观，以全面的观点认识世界和解决问题。跨学科课程的设置标准包括：一是应涵盖多个领域的知识和不同的认识方式；二是可示范的教学能力，即跨学科课程方案由教学效果显著和责任心强的教师提出，由积极参加科研项目的骨干教师来组织和指导；三是跨学科课程应注重基础资料、基本知识的学习和积累以及能力的培养，强调跨学科课程应将重点放在所针对学科的基础内容、问题、思想和材料上。

（三）学科内外整合

学校是缩小的世界，世界是放大的学校。学生的学习生活不应禁锢在学校中，而应该参与到广阔的生活世界中。学科知识和社会生活紧密相连，学生的课内学习和课外活动紧密相连，学校的课程设置要把这些密切相关的内容统整起来，从而培养学生理解和综合运用知识解决实际问题的能力，迸发创造的火花。

第二节　行走，也是一种学习

教育面对的是人的生活世界。生活世界是人的生命存在的背景，包括人与自然事物的关系构成的客观世界，人与他人、社会的关系构成的社会世界，人与自我的关系构成的主观世界。教育不能脱离也不能肢解人的生命存在所面临的生活世界。

从一定意义上说，行走，也是一种学习。让学生在行走中去发现、去体验，在亲身经历的事物中产生问题并进行探究，激活学生的学习过程，将书本知识与学生的生活世界沟通，与学生的经验世界沟通，与学生的成长沟通，与知识的发现、发展过程沟通，使知识内容和学习过程充满鲜活的生活色彩和生动的生命色彩。

一、"城市·成长"研学旅行

自 2013 年国务院明确提出"逐步推行中小学生研学旅行"以来，研学旅行受到日益广泛的关注和大力推进，成为推动学校教育和社会实践相结合、全面深化实施素质教育的重要途径。作为上海市"研学旅行试点校"之一，我校积极探索"研学旅行、游学结合"的新模式，以丰富的城市教育资源为依托，根据区域特色、学生年龄特点和各学科教学内容的需要，努力实现课程学习、研究性学习和综合实践活动三者的有机统一，相继组织开展了"溯源立志南京行"、"蓝白幽韵南通行"、"我的长征我的路贵州行"、"沿着 24 路看上海"、"'天下兴亡，匹夫有责'怀古明志昆山行"等"城市·成长"系列研学旅行，让学生走出校园，知行合一，行于实践，"游""学"兼得。

（一）"城市·成长"研学旅行的设计

研学旅行是"游"与"学"的有机结合，既要满足学生的旅游需求，也要满足他们的教育需求。这就需要从目标上、内容上、形式上对研学旅行做专业化的设计。我校"城市·成长"研学旅行的设计主要关注以下几个方面：

1. 以学生为中心，突出实践体验

学生是研学旅行的主体，在研学旅行活动中要让学生自己当家做主，使他们的主体作用得到最大程度的发挥。例如，研学旅行的路线、主要活动内容、经费筹措与使用、小组的建立、各个参与者的权利与义务等，都可以由学生参与决定。在旅行途中，以学生活动为主，为学生创设体验场景，通过走访调查、观察记录、资料收集、劳动实践、义务宣传、社会志愿服务等多种方式，充分调动学生的参与度与主体意识，培养学生的生活技能、集体观念、创新精神和实践能力。例如，在"我的长征我的路贵州行"活动中，出发前一周同学们就开始做丰富的调研准备，旅行中每天由三位同学"当家"，向大家介绍当天的行程与景点，并做好队伍管理工作。同学们认真负责、贴心周到，处处为他人做好服务，充分锻炼了自律能力，培养了团队合作意识。

2. 挖掘城市资源，优化内容设计

每一座城市都有自己独特的气质与历史文脉，城市是一本打开的书，蕴含着丰富的教育资源。在"城市·成长"研学旅行目的地的选择上，我校注重城市资源与研学旅行目标的整合，重视对学生进行传统文化的熏陶与培养、社会主义核心价值观的渗透、励志教育、爱国主义教育、民族精神教育、学科问题探究等。每一个目的地的确定都是经过反复的考察和研究，根据区域特色、学生年龄特点和各学科教学内容需要，合理利用城市资源，优化活动内容设计，引导学生获得积极的体验和丰富的学习经验，形成对自然、社会和自我之间内在联系的整体认识。目前，我校开展"城市·成长"研学旅行的城市主要有上海、南京、南通、贵州、昆山等。

例如，在"蓝白幽韵南通行"研学旅行的设计中，我校充分利用了南通历史悠久的纺织文化资源。南通是百年前著名的土布之乡，也是近代民族棉纺织工业的基地与纺织技术教育的发祥地之一。南通纺织博物馆是中国第一座纺织专业博物馆。我校将南通纺织博物馆与上海纺织博物馆形成"馆—馆联动"，打造"博物馆课堂"。

在南通纺织博物馆，同学们参观了最原始、最古老的手工纺织机，亲身体验了手工织布；了解了中国的纺织发展史以及不同时期的纺织品；观看了"中国纺织工业和纺织教育的先驱"张謇先生的生平事迹展示，被他的实业救国梦深深感染；参观了近代大型纺织厂，感受近代纺织工场的历史风貌。同学们还上了一堂生动的手工课——蓝印花布扎染，制作自己的蓝印花布作品。此外，同学们还考察了"蓝印花布博物馆"、"张謇纪念馆"、"南通博物苑"等，感受了博大精深的中国纺织文化。这样的研学旅行内容设计，拓展了学习时空，扩大了学校教育资源，使学生在情景化的实践中将主观知识与情感实践化、意义化,在"做"与"行"中不断激励着同学们增强爱国情感,培育民族精神,弘扬和传承民族文化。

3. 整合三类课程,实现"游""学"并举

加强"研学旅行"与三类课程的有机结合,通过跨学科整合使"研学"主题更鲜明、教育内容更丰富;在旅行的过程中以研究性学习为主,通过特定的主题、特定的设计,将生动鲜活的社会生活、生产实践、文化场所、自然环境开辟为第二课堂,使学生在身临其境的实践中进一步拓展和延伸课本知识,寓教于乐,且"游"且"学","游""学"并举。

例如,在"溯源立志南京行"研学旅行中,我校将基础型课程(语文、数学、英语、历史、地理、思想品德、科学、美术、信息技术)与探究、拓展型课程相结合,开展主题式项目学习,促进学生在游学中实现知识的整合和建构、拓展和加深,以及综合素养的提升。

表4-1 "溯源立志南京行"研学旅行学习内容的安排

学科	学习内容	学习目的
语文	乌衣巷的故事 青山麓处寻李白,采石矶上觅诗仙	拓展语文学习时空,了解李白和他吟咏采石的诗文,以及后代名家文人墨客在采石留下的诗文和足迹
数学	运用数学模型计算南京大屠杀中的死亡人数	体现生活中的数学理念;提醒学生勿忘国耻
英语	A pleasant trip to Nanjing	增进对南京的了解,提高语言运用能力
历史	南京大屠杀纪念馆的有关史实	重温南京大屠杀的屈辱历史,感受党艰苦卓绝的奋斗历程,理解中国革命精神,培养爱国主义情怀
思想品德	给父母写明信片活动 中山陵:瞻仰革命先驱	培养学生感恩意识; 继承革命传统,弘扬以爱国主义为核心的民族精神
地理	南京紫金山天文台观天文	丰富天文知识,感受悠久的历史与变迁,认知科学的进步

学科	学习内容	学习目的
美术	南京与上海城市建筑风格的比较	感受悠久的历史与现代建筑变迁,体验和传承民族文化
科学	南京生物的多样性	感受生物多样性对生态环境的重要意义,领悟人类发展和自然环境息息相关
信息技术	溯源立志访南京,红色足迹我追寻——电脑多媒体制作活动	参观的同时利用拍照、摄影等形式挖掘当地的红色经典,培养学生对伟大祖国的热爱之情
拓展	生活自理与团队活动	提高独立生活能力和团队合作能力

在活动中,同学们参观了气势恢宏的中山陵、南京大屠杀纪念馆、夫子庙、总统府、紫金山天文台和马鞍山采石矶等景区;重温了南京大屠杀带给中华民族的屈辱历史,牢记人类共同的耻辱;领略了中山先生以天下为公的爱国情操;开阔了视野、增长了知识,提高了对大自然与社会生活的审美情趣。更为重要的是,在教师的指导下,同学们开展有目的的实地考察研究,完成语文、英语、历史、科学、地理、历史、信息技术等学科的学案,以提高他们对社会的观察、研究水平和学习能力,同时提升团队合作能力和生活自理能力。

(二)"城市·成长"研学旅行的组织实施

在"城市·成长"研学旅行的组织实施中,我校不断完善研学旅行的工作机制,重点探索研学旅行的实施载体、运行模式、活动流程、条件保障等,不断提升研学旅行的规范化和实效性。

1. 完善机制,精心筹备研学旅行

在校内建立研学旅行开发与实施领导小组。精心挑选责任心强、有组织协调能力的学校管理人员和教师作为领队,承担学生管理及安全保障工作,并加强事前培训和事后考核。研学旅行实施小组负责设计《教师指导手册》和《学生活动手册》,为研学旅行的顺利开展提供指引。

完善研学旅行协同配合机制。学校充分宣传,告知家长研学旅行的意义、时间安排、出行线路及注意事项,争取家长的支持与配合。学校要考察精选有资质的旅行社,加强与当地旅游、交通、文化等部门的沟通协调,形成常态化、高效率的社会协作机制。

建立研学旅行安全保障机制。学校应对旅行线路和活动设计进行风险评估,拟定安全规范,建立应急预案。在活动前就将可能存在的安全风险和注意事项对学生和家长进行说明和安全警示。对参加的学生进行安全教育,强化安全意识。对旅行活动各环节中提供服务的供应商进行资质审查、质量评估。

2. 以生为本,选择探究学习主题

为了激发学生研学热情,积极主动参与研学活动,确保研学项目的有效开展,我们根据目的地城市资源以及学生的年龄特点,紧密联系学生的当前生活,加强与三类课程的统整,合理设计每一次研学旅行的总体目标任务和内容。

自主性较强的研学旅行,为学生提供了许多探究、解决问题的机会。在确定研学旅行主题时,学生首先遇到的问题就是如何选题,这就要求学生善于思考,积极捕捉来自身边的问题,自主选定探究学习主题、组建研学小队、拟定计划、学习实践、制作作品和成果运用,在充分讨论、亲身实践,合作完成任务过程中实现知识的整合和建构、拓展和加深,以及综合素养的提升。

例如,在"沿着24路看上海"活动中,学生选择共同感兴趣的问题,自主确定探究主题,拟定探究任务、聘请指导教师、运用"实地考察"、"查阅资料"、"调查采访"、"信息收集与整理"等方式、方法进行主题探究,在活动的过程中培养和发展学生解决问题与自主探究的能力。

表 4-2　"沿着 24 路看上海"探究学习主题示例

探究学习主题	活动地点	支撑学科	学生主持人	指导教师
"尘烟故梦　心静为安"	张爱玲故居	历史、英语	钱新宇	张丽
"足尖上的上海"	哈同花园	地理	陈维新	蔺少亮
"陆具岭涧洞壑之胜,水极岛滩梁渡之趣"	豫园	语文、历史	姚佳怡	宗卫华 王蓉蓉
"城市印记"	陕西北路	综合	林鸿轩	陆晓君
"感受伟人"	周恩来故居	思品、历史	李沁怡	周洁

3. 课内外相结合,拓展学习时空

在"城市·成长"研学旅行的具体实施中,我校采用学生全员参与,以小组为单位,课内与课外相结合的方式,拓展学习时空。

首先,课内先学,在研学活动前,教师和学生一起制订活动计划,了解涉及到的相关学科知识,利用课堂教学为下一步的活动提供知识基础和技能准备。结合研学线路,按活动主题安排一名学科教师作为研学指导老师,围绕研学旅行开设专题讲座,同时要求学生查询并了解当地的自然风光、人文习俗及历史文化等相关内容,指导研究学习方法。

其次,开展"城市·成长"研学旅行,带领学生走出校园,且"游"且"学"。学生在旅行中拓展视野,丰富知识,了解社会,接近自然,在真实的生活情境中通过自主探究和合作探究去发现、研究、解决问题,构建自己的知识体系和学习经验。我校在研学旅行中采用的学习方式主要有走访调查、观察记录、资料收集、劳动实践、实验操作、义务宣传、社会志愿服务、学校课程实践等。针对学生的年龄特点与研学项目特点,选择几种活动方法灵活搭配运用。如,"'天下兴亡,匹夫有责'怀古明志昆山行"的研学旅行,我们采取资料收集、走访调查、观察记录等活动方法。

最后,综合运用再提高,学生在经历综合实践的过程中,一方面将多学科的知识综合起来灵活运用,另一方面在活动中又自主获得了新的知识技能以及解决问题的能力,研学旅行之后必须再次回归课堂,交流进一步需要研究的问题或改进的措施,增强其学习的动力。

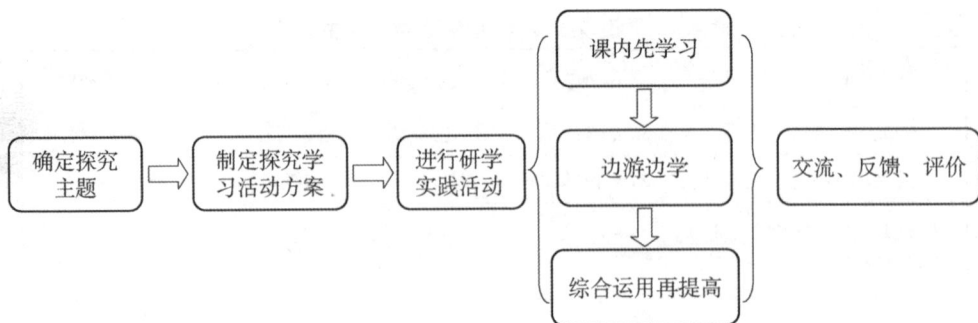

图 4 - 1 研学旅行探究学习流程图

在"溯源立志南京行"研学旅行中，以地理学科为例，教师充分运用南京紫金山天文台的资源，拓展教学内容，在教学过程中打破了传统的"三中心"（以教师为中心，以教材为中心，以课堂为中心）的教学模式，让学生通过亲身体验获取知识，把记忆变为理解和运用。

《地球的运动》是初中地理教学中的一个难点，以前每当讲到这个内容时，学生往往以识记为主。在研学旅行中，教师把教学课堂转移到了南京紫金山天文台里面，把学生带入到特殊的"情景场中"，学生通过自己的亲身实践感受到了地球的自转与公转，理解了地球运动中相关知识点，学生的知识和情感融成一体，有了想探求知识的愿望。尤为重要的是，以前需要八节课的上课时间，现在只要两个小时就解决了问题，而且学生由过去的识记变为理解和运用，极大地提高了教学的有效性。

4. 交流共享，提炼研学成果

旅行归来并不意味着研学行动的结束，我校通过搭建平台，倡导学生采用多种形式，自由表达，提炼、展示、共享研学成果。

研学行动需要分享收获来丰富拓展个人体验。为了让每个学生的研学收获都能得到及时充分的展示交流，在自我与同伴的评价中交流学习分享成果，获得成就感与乐趣，首先我们进行小队内的交流展示，互相评价，并进行小队研学成果汇编；其次，进行中队内的交流学习，评价分享研学成果，推选出优胜小队研学成果，参加学校少先队大队部组织的展示共享活动。我校通过"江宁时空"微信公众号、校园橱窗、墙报、广播站等多渠道向全校师生开放展示。

研学活动中学生的实践体验收获是多元的，不同的学生有不同的体验、发现与收获。因此，在研学前我们就引导学生发挥自己的爱好特长，结合自己家庭的有利条件，选择自己善于操作、乐于实施的方式记录自己的体验、发现与收获。这样多彩的、自由的形式也促使学生乐于表达、乐于记录自己的点滴研学收获，丰富了研学的成果形式。

（三）"城市·成长"研学旅行的经验与成效

几年来，我校"城市·成长"研学旅行的足迹遍布上海、南京、南通、贵州、昆山等城市，优质的策划、严密的组织使每一次研学旅行都取得了圆满成功，收到了显著成效。

1. 形成了"游学结合"的研学旅行新模式

研学旅行是"游"与"学"的有机结合，为了防止走马观花、"只游不学"的现象，研学旅行要有完整的教育内容，让整个活动过程都具有教育的意图。我校"游学结合"的研学旅行新模式实现了三个突破：一是突破学科，通过跨学科整合使"研学"主题更鲜明、教育内容更丰富；二是突破教材，通过开发课外资源，建构学习情境，增强学习内容的生动性和感染力；三是突破课堂，通过联系学生生活实际、整合城市资源，为学生创设体验场景，使学生在亲身实践中学习与感悟。"游学结合"的研学旅行新模式主要包括以下两个方面：

一是进行跨学科统整。以研学主题与多学科综合为线索，将各个学科中的相关内容融入研学实践活动中，开展实现多学科统整的研究性学习。让学生的探究活动走出课堂，走向更大、更远的学习空间，让学生成为一个探究者、实践者，充分发挥学生在学习中的主体作用，激发个体的学习潜能。教师利用真实的场景指导学生的各科学习，学生在实践中自主获得知识以及问题解决的基本能力，既促进学科课程的学习，又有助于知识的整合和建构、拓展与加深。

二是开展主题式项目学习。以研学活动为载体，围绕某一主题从课程统整的视角设计并开展一系列基于真实情境的项目活动，让学生自主选用多途径、多形式、多元化的方式来开展项目探究，学生将思维、知识、行动、文字和情感表达等有机结合在一起，在完成真实项目任务的过程中进行有意义的、综合性的深度学习。

"游学结合"的研学旅行是一次教育方式的革新，它把学生带离校园、带离课堂，把生动鲜活的社会生活、生产实践、文化场所、自然环境当成另一个课堂，寓教于乐，且游且学。

2. 促进了学生主体性的发展和健全人格的塑造

"城市·成长"研学旅行中让学生自己当家做主，使得他们的主体作用得到了较大程度的发挥。使学生真正体会到了"他主性"与"自主性"的辩证关系，明白了自主不是"为所欲为"，不是"自我中心"，而是在合理范围内的既有利于自身发展又有利于他人发展和社会进步的自主。学生在研学旅行中接触社会和自然，在体验中学习和锻炼，他们自理自立、互勉互助、艰苦朴素、吃苦耐劳的品质得到培养和提高。

同时，"城市·成长"研学旅行也为学生提供了一个道德情感激荡的机会。学生走出校门，游览自然风光，瞻仰革命圣地，考察社会民情，走进博物馆、博览会，用眼睛去观察，用心灵去感受祖国大好河山的壮丽，体会华夏文明的博大精深，了解祖国改革开放取得的伟大成就，在潜移默化中激发学生对祖国的眷恋之情，增强学生的民族自尊心、自信心和自豪感。此外,研学旅行更是一种升华精神的文化活动。通过观光游览或访古问今,更能激发学生的集体主义、革命英雄主义和爱国主义精神,有利于引导学生追求人生和社会的美好境界,形成健全的人格。

例如,在"我的长征我的路贵州行"中,同学们前往遵义、土城、赤水等地,踏寻先辈足迹,缅怀伟人丰功,用自己的脚步丈量历史,感受红色热土的长征情怀。在参观遵义会议会址后,我校五(3)班的周静怡同学在感悟中写道:

> 那些看起来是那么简陋朴素的房间,几张床、几把椅子,甚至,他们的床就是一块木板,想想睡在上面一点都不舒服,比现在我们睡的床差远了!看到这一场景,我惊呆了,我甚至无法想象他们当时的生活有多么的艰苦,但是这些伟人为了能让中国老百姓过上幸福生活,坚定自己的理想信念,坚持着、奋斗着,这让我感到革命者的伟大,也让我感到今天的幸福生活是多么的来之不易。特别是当我知道红军长征途中,从出发时的八万多人到遵义会议前的三万多人,我怀着沉重的心情走出场馆,抬头仰望蓝天,湛蓝的天空衬托着朵朵白云,一片温馨祥和。回想着红军艰苦奋斗的场景,我庆幸自己生活在远离战争的时空。但是在生活中,我仍要学习并发扬红军的优良品质,因为在将来,我们将要建设祖国。啊!遵义,一座风景秀丽的城市;一座有着历史文化的名城;一座传承着红军精神的城市!这段"城市·成长"之路将永远留在我的记忆中。

五(2)班的屠毅凯同学在日记中写道:

> 红军在长征路上经历过种种磨难,就是凭借着这股坚定的信念才完成的,再对比一下自己,真的不是一个级别。学习中,我碰到一点点困难,就停滞不前了。惭愧之余,我要向红军战士学习,勇敢面对学习中的各种困难,自觉完成自己的学业,做一名优秀的中学生。

在参观四渡赤水纪念馆后，五(1)班的江楠同学在日记中写道：

讲解员曾经说过，赤水是红军战士用鲜血染成的，的确没错，我们应该带着崇敬之情铭记这些革命烈士的丰功伟绩。这次游四渡赤水纪念馆，让我明白了，我即将进入初中，我应该改去原来小学生的样子，改去自己像小孩子的样子。我应该学习红军的艰苦奋斗、坚强不屈的精神。通过这次"我的长征我的路"活动，不仅让我明白了红军革命的伟大，而且让我也感到自己成长了不少。以前我常常认为我是不能离开妈妈的，然而这次我明白了我其实可以独立的。到了回去的一天，如果妈妈依然帮我包揽所有事，我可以很自信地对妈妈说："妈妈，您以后可以不用再帮我了！我可以自己做很多事了。我每天都能自己照顾自己了，不用您帮我了！"城市成长，一个镌刻革命历史的城市，一段记录我成长的经历。

"生活即教育，社会即学校"，精心设计的"城市·成长"研学旅行让学生用眼观察世界，用心感受生活，用情抒写感想，乐学博学并集体验、感悟、成长于一体。对学生增长见识、陶冶情操、认识祖国大好河山是大有裨益的，正所谓"读万卷书，行万里路"，在游中学，在学中研，且思且行，且行且思。

二、沿着 24 路看上海

为了增进课程内容的丰富性与开放性，加强课程与自然、社会的联系，我校努力突破学校"围墙"，打破学校与社区、社会的隔阂，不断增强我校课程的开放性及地方特色。我校在"以学生发展为本"的教育理念指导下，关注学生个性的发展，以培养学生的创新精神和实践能力为重点，积极探索社区周边课程资源的有效开发和利用。我校开展的"沿着 24 路看上海"主题实践活动就是其中一个典型案例。

（一）设计依据与思路

上海 24 路公交线路始于普陀区长寿新村，终于黄浦区豆市街复兴东路，全线共 19 站，途经我校所在的西康路、陕西北路区域，以及上海老城厢豫园。24 路沿线景点具有浓厚的历史情怀与人文积淀,从苏州河到黄浦江串联起上海开埠百年的轨迹。沿线名人故居林立,既有民族资本家的住宅建筑,又有文化名人故居和革命先辈的足迹,同时还有普通市井百姓的生活缩影;乘坐24路还可以到达老城厢豫园,开始上海人的寻根之旅。24路沿线景点见证了一座城市从老城厢到繁华都市的历史变迁,是探寻上海"城市发展梦"的良好载体。

依托学校位于24路沿线的区域优势,我校通过"沿着24路看上海"主题实践活动充分挖掘特色资源,通过丰富多彩、生动活泼的教育形式,将社会主义核心价值体系教育融入教育全过程,引导广大学生深刻领会"中国梦"的实现需要广大学生坚定理想信念、励志刻苦学习,积极投身实践,为把我们的国家建设好、发展好而努力奋斗。

本活动设计的总体思路是:贴近学生的实际生活,重在"体验",学生通过寻访、社会考察、小课题探究等形式实施沿着24路公交线看上海的主题实践活动,旨在引导学生了解陕西北路的百年变迁,体验上海城市文明的产生与发展,进一步激发学生"我爱上海"的情感,使学生在体验当今生活的幸福中思考自己未来的成长目标,增强为把我们的城市建设好、发展好而努力奋斗的责任意识。

(二)活动目标

1. 增强学生对上海城市历史、地理、文化的感知

初步了解24路公交车的基本走向,了解陕西北路在上海市的地理位置;知道24路的长度、始发站与终点站在上海的行政区域;知道24路途经的一些重要路段;了解陕西北路的历史;知道陕西北路名称的由来;知道陕西北路沿线新老建筑的历史意义;知道上海城市文明的产生与发展;初步了解陕西北路环境的百年变迁。以"畅想'陕西路'美妙乐章"的形式描绘陕西路、赞美陕西路、畅想陕西路;体会并感悟陕西路与上海人的生活、与上海的发展息息相关;畅想陕西路未来,进一步激发"我爱上海"的情感。

2. 培养学生的实践和创新能力

在"设计、准备、实施、总结、评价、反馈"的活动过程中着力于学生观察能力、表达能力、动手能力、创新能力以及发现与解决问题等能力的锻炼与培养。引导学生运用观察、讨论、交流、评价、分析、采访、资料搜集等方法,了解陕西路地理、陕西路历史、陕西路文化、陕西路发展等知识,提升其综合科学素养及合作探究能力。启发学生通过

朗诵、写作、小品、绘画、演唱、舞蹈等表演方式表达对苏州河的情感,对母亲河的赞美,形成丰富多彩的、多样化的、具有多学科功能的学习环境与活动环境。

3. 激发学生的责任意识

通过活动,激发学生热爱上海、保护历史文脉,热爱家乡、建设家乡的责任意识。通过活动培养学生热爱生活、保护环境、追求品质的情感与态度;具有初步的人与城市、人与社会的意识以及人与环境和谐发展的意识。通过活动,引导学生明白上海市政府为了保护陕西路风貌所做出的努力,从而树立正确的价值观,并自觉加入促进人与城市、人与社会和谐的行列,从身边的小事做起,号召身边的人从小事做起,保护城市历史文脉,为把我们的城市建设好、发展好而努力奋斗,共圆中华民族伟大复兴的中国梦。

(三)活动内容及过程

为了充分利用24路的沿线教育资源,为学生的个性化发展搭建新的平台,我校以跨学科项目学习为抓手,让学生围绕复杂的、来自真实情境的、具有一定挑战性的项目主题,在精心设计任务与活动的基础上,进行较长时间的开放性探究,最终建构起知识的意义并提高自身能力。

1. 活动内容设计

以24路沿线及陕西路周边区域为实践活动点,以"奏响'梦之华彩'陕西路美妙乐章"为主要形式,开展贴近学生生活的系列活动,激发学生热爱家乡、热爱生活,保护城市文脉,为城市发展做贡献的情感。实践活动内容设计如下表4-3所示:

表4-3 "奏响'梦之华彩'陕西路美妙乐章"活动内容设计

章节	活动路段特色	设计意图	活动形式
"序曲"——探梦《探秘"陕西路"》	陕西南路和陕西北路,以延安中路为界,杂糅着两种表情。一种是宣泄着时尚浮华的万般风情,而另外一种则是洗去铅华之后的市井百态。这种颇为矛盾的组合,愈发让陕西路呈现出一种若即若离、欲说还休的气质。	让学生实地游览陕西路,感受旧上海"洋人街"的生活气息。	实地游览资料检索摄影征文

章节	活动路段特色	设计意图	活动形式
"复歌"——寻梦《西摩会堂傍身西摩路》	陕西北路原名西摩路,陕西北路上的西摩会堂是目前上海现存时间最早、远东地区规模较大的犹太教会堂。2001年10月,这座犹太教会堂被世界纪念性建筑基金会宣布录入世界纪念性建筑遗产保护名录。直至今日,每年全世界都有很多犹太人来到这里缅怀先辈或追忆自己当年在这里的生活。	引导学生回望历史,了解二战时期上海对犹太人的人道主义壮举,体会海派文化兼容并蓄的特点。	实地游览资料检索成果分享
"高潮"——故梦《凝固历史的石库门》	"没住过石库门弄堂,没吃过四大金刚,没用过马桶,这样的上海人其实人生是不完整的。"石库门是中西文化混血的产物,通常被认为是上海近代都市文明的象征之一。陕西西路上的"步高里",就是标准的新式石库门建筑。	房子是有生命的,带领学生走进石库门,领略陈旧与新鲜、复古与摩登的对照,感受上海的近代都市文明与融合中西的传统。	实地游览调查采访成果分享
"尾声"——逐梦《名人公寓与时尚地标错落》	陕西路上除了富有历史风情的建筑外,与之一街(南京西路)之隔的便是素有中国时尚地标之称的恒隆广场、中信泰富,LV、万宝龙、欧米茄等世界奢侈品旗舰店皆汇集于此。现代化的建筑、齐全的文化设施、露天的酒屋、富有情趣的茶坊、幽静的咖啡厅等,都充分显示出上海现代都市文化的多姿多彩。	通过实地游览,让学生感受上海现代都市文明,体会上海的城市发展梦,激发学生热爱上海,为建设家乡做贡献的责任意识,共圆中华民族伟大复兴的中国梦。	实地游览资料检索成果分享

2. 跨学科项目学习

我校在中小学段分别开展了"沿着24路看上海"跨学科项目学习。学生自主选定项目学习主题、组建小组、拟定计划、学习实践、制作作品和成果运用,在充分讨论、亲身实践、合作完成任务的过程中实现知识的整合和建构、拓展和加深,以及综合素养的提升。

根据活动主题所涉及的学科组建教师团队,将各门学科中与主题相联系的内容抽取出来,设计《沿着24路看上海跨学科项目学习活动一览表》,挖掘各科教材中与24路沿线各类资源相应的知识点,实施课目细化工作。以教研的形式对教材进行具体分析,把"沿着24路看上海"的德育目标与内容要求细化到"各学科"和"主题",凸现基础型课程所承载的教育功能。

表 4-4 "沿着 24 路看上海"跨学科项目学习活动一览表

活动地点	支撑学科	活动内容	活动实施
张爱玲故居	历史、英语	1. 了解张爱玲的生平。 2. 知道张爱玲的文学历程。 3. 实地感受故居闹中取静的环境氛围。 4. 明白个人的发展与社会发展的关系。	1. 小组成员乘坐 24 路公交车到张爱玲故居门口集合。 2. 根据事先确定的考察内容,确定考察张爱玲故居的内容,找寻历史遗迹,感受故居闹中取静的环境氛围。 3. 按照约定时间集合,交流心得体会。解决仍未解决的问题。
哈同花园	地理	1. 了解哈同先生的生平。 2. 知道从哈同花园到上海展览馆的历史演变历程。感受哈同花园悠久的历史与变迁,认知社会的进步,感受社会发展的韵律。 3. 理解哈同花园在当时所产生的影响。 4. 以哈同花园为例,结合《地理》教材中社会区域经济发展所需要的条件,拓展和深化相关地理课程知识,体会地理课程的魅力。 5. 通过对哈同花园的了解,衍生出同学个人的学术小课题。	1. 小组成员乘坐 24 路公交车到上海展览馆门口集合。 2. 根据事先确定的考察内容,确定考察上海展览馆的内容,找寻哈同花园的遗迹,并与有历史价值的建筑特色拍照留念。 3. 按照约定时间集合,交流心得体会。解决仍未解决的问题。
豫园	语文、历史	1. 以豫园为契机,品味豫园建筑,从建筑的横向坐标中感受南方的园林式建筑和北方以故宫为代表的宫廷皇家建筑的区别。 2. 用各种设备摄录下豫园的六大景区的独特之处。 3. 观赏豫园镇园之宝:玉华堂前的石峰——玉玲珑,被誉为江南三大名石之首,欣赏其"皱、漏、瘦、透"之美。 4. 豫园现今的商业布局,从历史的纵向坐标中探微明万历五年到清嘉庆、道光年间,再到鸦片战争至解放前后的历史变迁,感受上海的"海上文化"。	1. 通过在网络上寻找资料了解上海豫园的来历。 2. 阅读潘允端《豫园记》相关文字,初步了解潘允端其人及其建造豫园的始末。 3. 豫园"陆具岭涧洞壑之胜,水极岛滩梁渡之趣",可分成六大景区,每个景区都有其独特的景色,例如豫园假山:以武康黄石叠成,出自江南著名的叠山家张南阳之手,享有"江南假山之冠"美誉。

活动地点	支撑学科	活动内容	活动实施
陕西北路	综合	1. 亲自走一走陕西北路(新闸路到北京西路段)。 2. 参观上海老建筑,感受老建筑的风采。 3. 选择性地拍照,留下影像资料。	1. 学生乘坐 24 路公交车到陕西北路北京西路。 2. 亲自走一走陕西北路(新闸路到北京西路段),感受上海老建筑的风采。 3. 选择性地拍照,留下影像资料。
周恩来故居	思品、历史	1. 了解周恩来先生的生平。 2. 知道周公馆的历史演变。 3. 树立"为中华之崛起而读书"的决心。	1. 小组成员乘坐 24 路公交车到周恩来故居门口集合。 2. 根据事先确定的考察内容,带着问题走进馆内,找寻伟人的足迹,学习相关知识。 3. 约定时间交流彼此的心得体会,联系实际,说说"为中华之崛起而读书"的实际行动,并写下来。

3. 活动实施路径

在具体实施中,我校采取学生全员参与,以小组为单位,课内与课外相结合的方式,组织学生开展相关主题的亲身实践,将相关学科内容整合在一起,最终形成相关的综合研究小报告。为了便于操作,我们拟定了四条实施路径,即分四步走:

(1)课内先学习。在开展综合实践活动前,教师必须和学生一起制订活动计划,涉及哪些相关学科知识,学生实施时会遇到哪些困难,教师要利用课堂进行教学,为下一步的活动提供知识基础和技能准备。同时,要求学生搜集资料,查询 24 路沿线的文化景点、人文习俗及历史文化等相关内容,指导研究学习方法。

(2)课外,学生乘坐 24 路公交车开展跨学科项目学习。在社会实践和学科探究活动的基础上深化活动,将"沿着 24 路看上海"作为探究学习包的一个单元活动,规定每周一节的课时(一个单元总计 4 课时左右)。指导学生自由组建小队,选择共同感兴趣的有关 24 路的小课题开展研究。通过拟定探究任务、聘请指导教师、运用"实地考察"、"查阅资料"、"调查采访"、"信息搜集与整理"等方式、方法开展活动。

例如："尘烟故梦，心静为安"、"足尖上的上海"这一系列的主题探究通过跨越普陀区和静安区的实地走访，寻找两区在城市风貌、历史文脉以及经济发展等领域的差异，树立为建设家乡做贡献的信心以及实现报国梦的决心。在探究活动的过程中让学生了解上海的百年沧桑变迁，同时培养和发展学生解决问题与自主探究的能力，以及为城市的经济文化发展贡献力量。

（3）组建"24路社团"。在社会实践和主题探究中，一批学生对24路沿线的历史、人文资源产生了极大的兴趣。我们在学校的社团活动中组建"24路社团"，由语文、历史等学科教师带教，开展陕西路地理、陕西路历史、陕西路文脉等专题学习，让学生在主动、自主、带有探索性的社团活动中学习感悟陕西路与上海人的生活、与上海城市发展的息息相关，引导学生畅想陕西路的未来，进一步激发"我爱上海"的情感和努力为城市发展做贡献的责任感。同时，结合学生实际，引导广大学生深刻领会实现"中国梦"需要广大学生坚定理想信念，励志刻苦学习，积极投身实践，为把我们的国家建设好、发展好而努力奋斗，共圆中华民族伟大复兴的中国梦。

（4）综合运用再提高。学生在参与综合实践的过程中，一方面将多学科的知识综合起来灵活运用，另一方面在活动中又自主获得了新的知识技能以及解决问题的能力，促进学科课程的学习。课外实践之后必须再次回归课堂，交流进一步需要研究的问题或改进的措施，增强其学习的动力。

（四）经验与成效

几年来，我校相继在初中和小学阶段开展了"沿着24路看上海"主题实践活动，超越了教材、课堂和学校的局限，让学生的探究活动走向更大、更远的学习空间，让学生成为一个探究者、实践者，丰富了学生的实践体验和学习经历，取得了显著成效，并积累了有效开展主题实践活动的经验。

1. 形成了跨学科整合的实践活动推进模式

以主题探究与多学科综合为线索，将各个学科中的相关内容融入实践活动中，开展实现多学科统整的项目性学习。通过跨学科整合来使实践活动的主题更鲜明、教育内容更丰富；参与活动涉及历史、地理、语文、思想品德等学科，老师们共同开发课外资源，建构学习情境，增强学习内容的生动性和感染力；对多门学科进行创造性整合，并与生活紧密结合，使其产生有意义的关联与融合，为学生提供丰富多彩的、满足学生需求和兴趣的、有益于其个性发展的可自由选择的内容,让学生在亲身实践中获得最好的理解和整体的学习。

这种打破学科界限,将与生活有关的问题或事物作为实践活动的中心,将有关教学内容与学生生活中的知识和技能融合成一个项目进行学习的方式,使学习得以真实地发生。学生将思维、知识、行动、文字和情感表达等有机结合在一起,在完成真实任务的过程中进行有意义的、综合性的深度学习。在实践活动的过程中,教师利用真实的场景指导学生的各科学习,学生在实践中自主获得知识以及解决问题的基本能力,既促进学科课程的学习,又有助于知识的整合和建构、拓展和加深。

跨学科整合主题实践活动让学生经历多样化的学习体验,在做中学、玩中学,在生活中学习,在活动中成长,在实践中运用所学的知识,充分发挥了学生的主体作用,激发个体的学习潜能。

2. 提升了主题实践活动中学生的主体意识

"沿着 24 路看上海"作为探究学习的一个单元活动,由学生自由组建小队,选择共同感兴趣的问题确定小研究课题。拟定探究任务、聘请指导教师、运用"实地考察"、"查阅资料"、"调查采访"、"信息收集与整理"等方式、方法进行主题探究,学生的活动参与度与主体意识均得到有效调动。

通过联系学生生活实际、整合社会资源,为学生创设体验场景,使学生在亲身实践中学习与感悟。在活动的过程中培养和发展学生解决问题与自主探究的能力,激发学生热爱家乡,热爱生活,保护城市文脉的情感。

学生的成果展示和交流分享成为一次生动的自我教育的过程。在活动中的点滴收获,让学生从心底萌生出爱家乡、爱上海的情感,同时也让学生自觉成为实现中华民族伟大复兴征程上的一名建设者。

3. 激发了学生的文化自信和社会责任感

通过活动,激发了学生热爱上海、保护和传承历史文化,热爱家乡、建设家乡的责任意识。培养了学生热爱生活、保护环境、传承城市文化品质的情感与态度;使学生具有初步理解人与城市、人与社会的关系以及人与环境和谐发展的意识。通过活动,引导学生明白上海市政府为了保护陕西路风貌所做出的努力,并提升人与城市、人与社会共同和谐发展的感悟,从身边的小事做起,号召身边的人从小事做起,保护城市历史文化。通过活动充分挖掘特色资源,通过丰富多彩、生动活泼的教育形式,将社会主义核心价值体系教育融入教育全过程,引导广大学生深刻领会"中国梦"的实现需要广大学生坚定理想信念,励志刻苦学习,积极投身实践,为把我们的国家建设好、发展好而努力奋斗,共圆中华民族伟大复兴的中国梦。

三、男子汉与淑女之"野 & 雅行动"

在传统性别价值观中,我们强调男性应该表现出更多的阳刚男子汉的特性,女性则应表现出更多的典雅婉约的气质。然而,随着社会多元价值观的渗透,这种性别价值观似乎开始转变。男生表现出唯唯诺诺、不大气、不阳刚、不粗犷,缺乏担当;女生表现出不细腻、不优雅、不温婉,过度强势。男生不"野",女生则不"雅"。这种现象日益泛化,由此引发的关于性别危机问题也逐渐成为社会热点话题,引起社会各界的关注,男生学校、淑女学堂随之应运而生。

众所周知,在青春期阶段,良好的自我性别认知与性别价值观塑造对人的一生发展尤为重要。我们希望能够通过"野 & 雅行动",使我校的初中学生,男生变得更加具有男子气概,要有一点"野"味;女生变得更加优雅,要有一点"雅"质。

由于我校是一所九年一贯制学校,学生年龄跨度大,心理特性差异显著。因此,我们在不同年龄段设计了不同的活动项目目标、主题与内容。其中七、八年级的"野 & 雅行动"为活动重点。该系列活动分为"男子汉养成系列活动"与"淑女养成系列活动"。初中学生们将其戏称为"男生节"与"女生节"活动。

(一)男子汉养成系列活动

1. 生活技能提升

通过问卷调查12—14岁男孩的日常生活技能水平,与同年龄段国际男孩的生活技能水平做对比,向本校12—14岁男孩发起"生活技能大通关"的号召。设计家庭日常生活技能学习清单与实践完成统计清单。号召家长协助孩子学习各类日常生活技能,并记录孩子的技能学习情况与实践完成情况。根据各班的技能学习反馈情况,评选出班级里的生活技能之星。此项活动,旨在提升男孩的独立生活自理能力。

2. 男人间的对话

向12—14岁的男孩家庭发放男孩教育指导学习材料,帮助父母了解青春期男孩的身心发展特点。设计父子亲子对话活动单,以"责任"、"勇气"、"自我价值"为亲子对话的主题,开启男人间的对话,并完成对话内容的记录,学生撰写对话后的感悟体会(该活动也可与 14 岁生活活动相结合)。通过爸爸学堂,推广优秀的父子对话案例,探讨青春期男子汉养成教育话题(可通过家长学堂沙龙形式或结合学校家长会)。此项活动,旨在增进亲子关系,尤其是父子关系,通过父亲的男性引导力,帮助男孩理解与提高自我责任意识。

3. 走近真男人

带领 12—14 岁的男孩,走进部队,走进消防队,走进海军博览馆等,进行实地参观、考察、探访。亲身感受男子汉的生活,体会真男人的魅力,体会成为一名真正男子汉所肩负的责任、使命与不易。此项活动,旨在让男孩亲身感受男子汉应有的使命、担当和家国信念。

4. 生存拓展训练

由专业野外生存拓展团队,带领 12—14 岁的男孩进行野外生存拓展训练。此项活动,旨在提高男孩的野外生存能力,培养其团队意识、耐挫力、毅力、勇气等男子汉品质。

表 4 - 5　"从男孩变成男子汉"系列活动体验表

学生姓名		年级、班级		爸爸或男性引导者签名	
生活技能 或生存技能学习 情况 (家长填写)	(进行了哪些技能的学习? 完成情况?)				
6 月 1 日野外活动 感悟 (学生填写)	(500 字左右,写出内心的真实感受)				
男人间的对话(爸爸或男性引导者填写)	谈话时间: 谈话地点: 谈话具体内容:				

学生姓名		年级、班级		爸爸或男性引导者签名	
男人间的对话——小男子汉的体会与感悟（学生填写）	（300字左右，写写对于责任、勇气与自我价值的认识或自我的未来期望）				

表4-6　小小男子汉的海军行——"参观海军博物馆"活动方案

活动时间	2016年12月2日	活动地点	海军博物馆（吴淞军港）
参与者	八年级全体男生		
活动主题	小小男子汉的海军行		
活动目的	通过参观海军博物馆，了解我国海军的历史、现状及发展。感受来自大海的广博精神，来自军人的坚毅气节，来自海军文化的独特魅力，来自民族时代的担当与责任。通过活动，激发男生的"野性"与"man性"，引导学生做一个坚毅、有担当的小小男子汉。		
活动意义	1. 改变学习方式，拓展学习资源，拓宽课堂空间。 2. 参与社会实践，激发学习兴趣，感受学习体验。 3. 联动社区资源，形成服务意识，强化社会责任。		
活动内容	1. 参观海军博物馆，了解海军博物馆的历史、现状与发展。 2. 了解史料的分类（文献史料、实物史料、口传史料），亲身接触各类中国海军史料。 3. 感受海魂、军魂与男子汉气魄。		
活动实施	活动准备： 1. 每一位男生认真研读"学生活动单"，针对学习活动单上的内容，在网络上搜索有关海军博物馆的背景材料。 2. 结成活动小组，选出组长，明确组长职责。 3. 查找相关的资料，做好充分的准备，带着兴趣和问题前往海军博物馆进行参观。		

	活动过程: 1. 在海军博物馆门口的"导览图"处全体集合,各小组确定自己的考察地点和参观路线。 2. 参观主体展览馆、海洋艺术馆、海军上海博览馆外景兵器馆、上海宝山海军少年军校。根据活动单内容,搜集相关信息,了解中国海军的过去、现在与未来并拍照留念。 3. 按照约定时间集合,交流心得体会,解决仍未解决的问题,完成学习活动单。
活动反馈	1. 每个同学完成学习活动单。 2. 后续拓展,完成心得感悟400字。
活动评价	多元评价: 1. 注重学生在学习活动过程中的情感、态度和方法。尤其是对学生有价值的生成性成果,给予积极的肯定。 2. 采用自评、互评(小组)和师评。 3. 评价采用等第制。记入学生成长册。
备注	学生活动单后附

表4-7 "小小男子汉的海军行"学生活动单

一、海之缘

1. 海军博物馆的全称是_____。

2. 坐落于上海市_____军港内。

3. 海军博物馆的展厅包括_____、_____、_____、_____、
_____。

4. 海军史纪要

(记录下参观过程中了解到的五件最有影响力的海军史事件,完成后按照自己的理解,试着为这些事件写上排名)

时间	事件	影响	排名

时间	事件	影响	排名

二、海之魂

以"海"、"海魂"、"海军"、"男子汉"为关键字，写一段 300—400 字感悟，题目自拟，体例不限，诗歌亦可。

（二）淑女养成系列活动

1. 美姿美仪

聘请东方礼仪训练团队，带领 12—14 岁的女孩学习女性日常礼仪知识，并进行实操式的美姿美仪培训。此项活动，旨在通过改变女孩的日常行为举止，进而提升其现代女性的优雅气质。

2. 优雅品饕餮

聘请专业西餐礼仪训练团队，带领 12—14 岁的女孩学习西餐餐桌礼仪知识，并通过品尝牛排活动，体验式学习餐桌礼仪。此项活动，旨在引导女孩学习餐桌礼仪文化，优化日常用餐礼仪，提升现代女性的优雅气质。

3. 茶香雅韵

由专业老师带领，学习中国茶文化、插画艺术，体验瑜伽。此项活动，旨在拓展女孩的见识、眼界与内涵，提升审美情趣。

4. 走近真女人

带领 12—14 岁的女孩，走近院士馆、档案馆、上海优秀女性故居，采访各行各业的优秀女性等，寻找历史上与现实生活中的优秀女生，了解她们，感受优秀女性的生活历程，体会成为一名优秀女性所需要的优秀品质。此项活动，旨在让女孩亲身感受优秀女性的魅力，并发现身边的优秀女性的不凡品质，提升女性自信力与自豪感。

表4-8 女性的苦难与奋斗
——"参观上海档案馆"活动方案

活动时间	2016 年 12 月 2 日	活动地点	上海档案馆(外滩)
参与者	八年级全体女生		
活动主题	女性的苦难与奋斗		
活动目的	通过参观上海档案馆,了解中国女性在历史发展过程中,冲突封建桎梏,不断寻求自我价值,并作出卓越贡献的事迹。探寻女性在中国历史上的风采。感受女性曾经的苦难、现今的奋斗。通过活动,引导学生做一个独立、自主、智慧与优雅的现代女性。		
活动意义	1. 改变学习方式,拓展学习资源,拓宽课堂空间。 2. 参与社会实践,激发学习兴趣,感受学习体验。 3. 联动社区资源,形成服务意识,强化社会责任。		
活动内容	1. 参观上海档案馆,了解中国历史上的女性人物的经历与风采。 2. 根据参观所见,感受女性的独立精神与社会使命。		
活动实施	活动准备: 1. 每一位女生认真研读"学生活动单",针对学习活动单上的内容,在网络上搜索有关上海档案馆的背景材料。 2. 结成活动小组,选出组长,明确组长职责。 3. 查找相关的资料,做好充分的准备,带着兴趣问题前往上海档案馆进行参观。 活动过程: 1. 在上海档案馆门口的"导览图"处全体集合,各小组确定自己的考察地点和参观路线。 2. 在档案馆中,找到不同时期的中国女性,并记录她们的主要贡献。(也可辅助网络资源) 3. 按照约定时间集合,交流心得体会,解决仍未解决的问题,完成学习活动单。		
活动反馈	1. 每位同学完成学习活动单。 2. 后续探访拓展。 3. 完成心得感悟200字。		
活动评价	多元评价: 1. 注重学生在学习活动过程中的情感、态度和方法。尤其是对学生有价值的生成性成果,给予积极的肯定。 2. 采用自评、互评(小组)和师评。 3. 评价采用等第制。记入学生成长册。		
备注	学生活动单后附		

表 4-9 "女性的苦难与奋斗"学生活动单

一、上海档案馆概况

1. 上海档案馆(外滩新馆)，地址为_____。该大楼原名_____，后改名为_____。

2. 上海档案馆(外滩新馆)，一共有_____层。主题展厅在_____层，专题展厅在_____层，档案文件资料查阅服务中心在_____层，电子阅览厅在_____层，多媒体视听室和学生课堂在_____层，档案工作者之家和多功能厅在_____层，会议室在_____层，报告厅和观光平台在_____层。你最感兴趣的楼层在_____层。

二、巾帼不让须眉

1. 曾经的中国女性

旧时代的中国女性形象 (填写形容词)	在档案馆中看到的事例

2. 抗争的中国女性

(记录下在参观档案馆的过程中认识的中国历史上的女性及她们的成就(也可辅助网络资源)

姓名	贡献

3. 了不起的女性

（记录下你所欣赏的 5 位其他女性，简要说明欣赏的理由。这些女性可以是历史人物，也可以是现实生活中的人物，并按照你的欣赏程度为她们排序）

Top5	姓名	欣赏理由
1		
2		
3		
4		
5		

三、校外链接——上海优秀女性故居探访

1. 阮玲玉故居（20 世纪 30 年代著名影星）   新闸路 1124 弄 9 号——沁园

2. 周璇故居（20 世纪 30 年代著名影星）   华山路枕流公寓六楼

3. 张爱玲（著名作家，代表作有《倾城之恋》、《半生缘》、《小团圆》等）   常德路 195 号

4. 宋氏三姐妹故居（影响中国革命的三女性）   浦东川沙镇兰芬堂 74 弄 1 号

四、夸夸我身边的优秀女性（写一段 300—400 字的短文）

第三节 整个世界都是教室

博物馆不是一个只来一次的地方，而是我们终身学习的场所，因为这里汇集了人类的记忆，珍藏着民族的灵魂，抵御着岁月的剥蚀。形形色色的各类博物馆最能帮助学生打开想象的空间，让他们可以随时遨游在历史与现实、现实与未来之间。我校以"拓展学习时空、丰富学习方式"为理念，利用博物馆资源开展学科拓展活动，让学生离

开课桌,走出课堂,把教室搬进博物馆,从平面书本跳至立体世界,这对学生来说非常有吸引力。博物馆课堂,让学生收获了不一样的学习体验:原来,整个世界都是教室。

一、一机一杼织世界,一思一做丰课堂

我校利用与上海纺织博物馆距离近的优势,充分挖掘其教育价值,以"纺织"为主题进行课程统整,学科教学渗透与课外实践活动相结合,将博物馆打造成学校教育的第二课堂。

表4-10 以"纺织"为主题的不同学段的课程整合内容示例

学段	涉及学科	上海纺织博物馆资源	社会实践内容
小学低段	音乐、美术	电教馆	讲习观影礼仪 唱纺织歌曲 赏纺织电影(电视) 听奶奶(老纺织工)讲过去的故事
小学高段	美术、自然、社会、劳技	科普馆	讲习参观博物馆礼仪 学习蜡染技术 设计布料花色品种 体验纺织科技的高速发展
初中低段	语文、数学、历史、科学、地理、思品	科普馆 历程馆 撷英馆	讲习采访礼仪 拜访上海的纺织劳模 了解上海纺织工人的革命奋斗史 计算环保纺织染料的低碳数值 倾听上海纺织历史的发展 畅谈"中国梦" 体验提炼生物制剂 分析上海纺织发展的地理条件
初中高段	生物、物理、化学、音乐、美术	京昆戏服馆	我做"纺织"讲解员 寻找上海的纺织品牌 上海纺织的现状与未来 设计未来的服装 "中国梦"时装秀

我校蔺老师将拓展课开进上海纺织博物馆,在《经纬布道——探究一块布的价值》

的博物馆课堂中,学生自发组织开展"新闻发布会",学生自制视频介绍新型布料以及现代布料的新用途和新工艺,围绕"布的社会属性"和"上海纺织史的变迁"现场采访博物馆馆长,举行小型竞拍会,估价并模拟拍卖自制的布艺作品,探究"布的经济属性"等,充分利用纺织博物馆资源,拓展课堂教学时空,寓情于景,寓教于乐,受到了领导专家的一致好评,《新民晚报》对此进行了专门报道。我校教师还组织部分同学远赴南通进行了"蓝白幽韵南通行"活动,考察了蓝印花布博物馆、张謇纪念馆、南通博物苑,了解南通的纺织文化,借助博物馆资源来丰富学生的科学文化素养,拓展课程学习的时间和空间。

(一)教学背景

我校学生在 2013 年秋季的社会实践活动中参观了上海纺织博物馆,在参观学习中,有的同学对布匹的材料产生了浓厚的兴趣,有的同学对布匹的织造方法瞪大了眼睛,还有的同学对新型的纺织材料异常兴奋,当然还有不少同学对动手操作的过程与环节乐此不疲……同学们围着展厅讲解员问这问那,这时,蔺老师发现了一个问题:同学们提出的问题,如果属于展厅范围内的内容,讲解员可以对答如流,如果超出了纺织行业范围,讲解员的回答就有点不尽如人意了。当然,作为教师,对于纺织行业的一些专业知识也是一片空白。"术业有专攻",这是一个无法回避的事实。

带着教师与学生一起学习、探究的想法,养成学生在探究中的科学的思辨方法与习惯,蔺老师决定利用上海纺织博物馆的资源,选择以学生感兴趣的"布"作为探究载体,关注"布"在现实生活中的用途和变迁。于是,"探究一块布的价值"这个探究型课程的课题应运而生。

(二)活动设计

对于探究课而言,脱离生活的教育不是成功的教育。正所谓教学源于生活,高于生活,又回归生活。本探究专题的小课题设置,蔺老师坚持"循序渐进"的原则,既有利于可操作性,又有利于引导学生加深对知识的理解和运用、形成规律性认识,还有利于促进学生的发散性思维的成长。

教学的价值不仅体现在学生运用所学的基础知识和基本技能分析问题、解决问题能力,更应注重体现积极的教育价值取向,通过道德践行促进其思想品德的形成和发展。通过现实事例让学生认可"劳动创造价值"和"科技是第一生产力"。

学生通过畅想、展望和体会,由"一块布"的增值联想到"如何使自身增值",激发学生的学习热情,体现教育"育人无痕"的方法。

蔺老师本着贴近学生实际,走进学生生活的原则,在活动设计的同时兼顾课题背景、学生情况和实际操作的可行性,在师生的共同探讨下,将探究的内容设定为"布的基本属性探究"(内在价值)、"布的社会属性"和"布的经济属性"三个方面。

每个课题下面有具体的子课题,具体内容如图4-2所示。

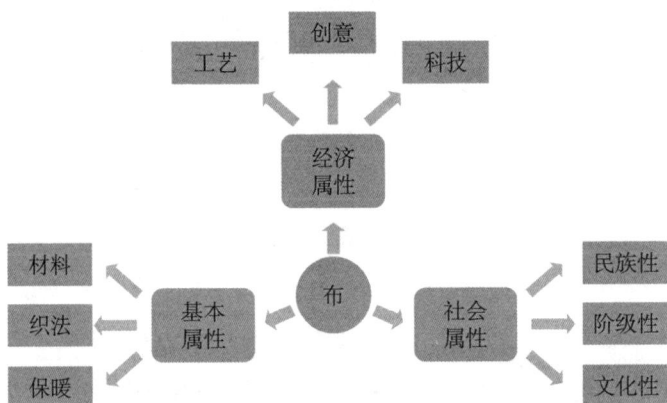

图4-2 "探究一块布的价值"探究内容

活动一:组织学生参观上海纺织博物馆,学生在博物馆系统地听完讲解员的介绍以后,结合自身的兴趣特长,再根据自身的知识结构和探究专题的内容,在老师的指导下,进行两次小组合作探究,一次是文献资料查找,一次是动手实践操作。这就要求学生对自己的知识、能力有明确的认识,对小组成员有充分的信任,大家合作完成探究的专题内容。

文献查找,学生主要是在上海纺织博物馆内完成,遇到问题,可以向老师和博物馆相关人员咨询、协商完成。

动手实践操作,学生主要是通过自己的创意、加工,使"一块布"增加它自身的价值;体会到"劳动创造价值"和"科技是第一生产力"。

通过参观、访问和文献查找,学生分组完成"布的基本属性探究"(内在价值)和"布的社会属性"两个子课题,如图4-3所示。

活动二:把生动活泼的天性还给学生,把时间还给学生,把民主与和谐的教学氛

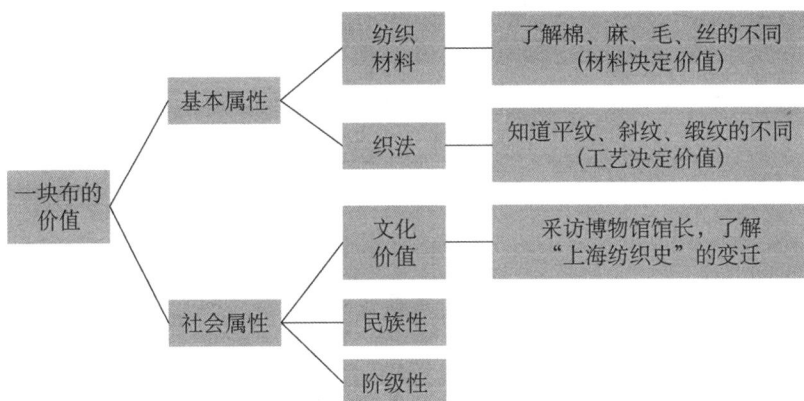

图 4-3 布的基本属性与社会属性

围还给学生,让学生主动学习、学会学习,做课堂教学的主人是探究课的理念。教师和博物馆有关人员坚持"以学生为主体,以学生发展为本"的教学目的,采用"自主探究法"与"合作释疑法",通过发挥教师、博物馆工作人员等"牵线、搭桥、铺路"的主导作用,引导学生通过再次分组、合作、探究与相互研讨完成学习内容,并通过自己动手制作,找出可以使一块布增值的方法。

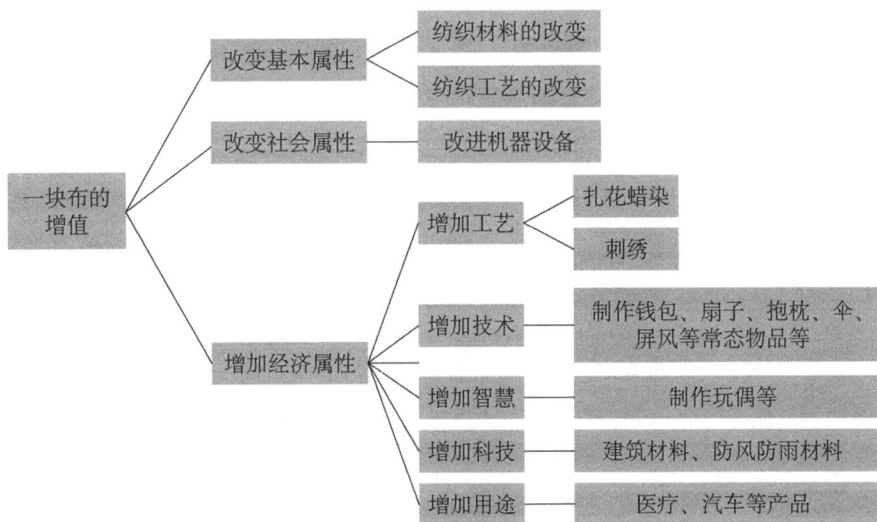

图 4-4 一块布的增值

（三）教案设计

表4-11 "探究一块布的价值"活动方案

课题：探究一块布的价值		
上课地点：上海纺织博物馆	班级：八年级（2）班	执教教师：蔺少亮

教学目标：
(1) 知识与技能：
学生通过参观上海纺织博物馆,进行资料的搜集、查找和交流等,初步了解纺织的材料和织法。学生通过自己动手探究实践活动,找出可以使一块布增值的方法。
(2) 过程与方法：
学生根据自己的兴趣和特长进行两次分组,通过参观、访问和制作等方法从"横"、"纵"两个维度探究"一块布的价值"。学生将采用交流、质疑、拍卖作品等形式进行学习评价。
(3) 情感、态度与价值观：
学生通过小组合作学习,养成科学的治学态度,用亲身的经历、鲜活的事例感受"劳动创造价值"、"创新是人类进步的阶梯"、"科技是第一生产力"。
学生通过对上海民族工业史的了解,激发朴素的爱国主义情感和民族责任感。
学生通过畅想、展望和体会,由"一块布"的增值联想到"如何使自身增值",激发学生的学习热情。

探 究 过 程			
探究环节	教师活动	学生活动	设计目的
第一阶段（小组合作完成）	带领学生参观"上海纺织博物馆"	聆听博物馆老师的讲解,选择自己感兴趣的内容	充分挖掘社区资源,培养学生爱社区、爱家乡的感情
	初步确定探究内容："探究一块布的基本属性和社会属性"	学生根据自身的兴趣、爱好、个人特长、意愿等进行内容的选择	从学生实际出发,最大程度地激发学习热情
	把选择相同探究内容的同学初步组合成为一个探究活动小组	小组成员初步进行头脑风暴,确定各小组最后的探究主题	引导学生学会尊重他人的意见,最后形成共识
	确定探究主题	以小组形式进行主题探究活动	引导学生体会合作学习的乐趣

续　表

探究环节	教师活动	学生活动	设计目的
第二阶段 （小组合作 完成）	根据第一阶段探究的结果,教师继续深化探究内容:"探究如何使一块布增值"	小组成员依照小组选题,采用自己喜欢的方式,完成探究活动	学生根据自己的生活阅历和能力,选用自己喜欢的方式,尊重学生的学习兴趣
	允许小组成员进行调动,并且可以重新成立新的小组	学生根据自身情况,重新组合小组	不同的研究课题有一定的梯度,照顾了不同学习者的学习能力
第三阶段 （展示评价） （观摩课）	听课教师一起参与	学做"扎花蜡染"手帕,或"中国结"	引导学生体会中华传统纺织工艺的魅力
	探究主题: "了解一块布的基本属性和社会属性"	1. 通过 PPT 展示探究成果,向同学们讲解"布的基本属性" 2. 通过同学拍摄的视频和解说,向大家介绍"布"的新用途、新工艺 3. 以采访的形式反映"布的社会属性"中"'上海纺织史'的变迁"这一内容	1. 成果展示可以发现问题,使探究内容和探究主题更加完善,体会生成性的知识 2. 把课堂交给学生,让学生在"自我表现"中得到"自我肯定" 3. 针对学生进行的二次分组,我们也运用不同的评价形式,这样可以最大限度分享学生的研究成果 4. 在交流评价环节,我们从三件作品的制作,提升到"一块布,不同的人、不同的技术、不同的创新思维"所产生的价值就会"天壤之别",这里,强调人的主观能动性
	探究主题: "探究如何使一块布增值"	1. 小组同学通过展示、讲解自己的作品（屏风、兔子灯、芭比娃娃衣服）,其他同学以估价讨论的形式进行"布的经济属性"的探究和评价 2. 在屏风的交流评价环节,我们思考"如何学会选择" 3. 在兔子灯交流评价环节,我们思考"如何使兔子灯继续增值"	

续　表

探究环节	教师活动	学生活动	设计目的
		4. 在芭比娃娃衣服的交流评价环节，我们思考"从这套衣服的缝制中，我们可以看到工艺的价值"	
	组织学生总结畅想	通过"探究一块布的价值"，联想生活中的事例，从自身出发谈"人生价值"的"增值"	由一块布的价值推广到生活中的一些领域，甚至结合自身的增值谈一些方法，从而达到"育人无痕"的教育目的

二、自然博物馆奇妙日

2016 年，上海市科技馆、上海市自然博物馆发起了馆校合作课程的开发研究，我校生命科学学科朱老师参加了此次活动。朱老师充分利用上海自然博物馆的资源，结合生命科学教材中关于鸟类如何适应飞行生活的问题，设计了《飞行着的千足百喙》拓展课程。

在整个系列的课程中，学生们有三次进入上海自然博物馆学习的机会，下面主要介绍的是第三次入馆学习的案例。在自然博物馆这个大课堂的学习中，教师和学生发掘到了点点滴滴的小智慧，教师无须把"保护鸟类"的大道理挂在嘴边，学生们通过体验，感受到了鸟类是人类的好朋友，但是，人类却在不断减少鸟类的栖息地，人类的行为威胁到了鸟类的生存，学生们都由衷地产生了爱护鸟类的想法，生命教育的理念就这样润物细无声地浸润了他们的心灵。

（一）《飞行着的千足百喙》科目实施

《飞行着的千足百喙》拓展课程主要是让学生了解鸟类的特征：从外部特征喙、足等结构开始，到鸟类的食性、生活习性以及适应飞行的特征等问题。采用校内先学习相关知识，然后去上海自然博物馆观察、探究的方法教学，使学生理解鸟类的一些知识。

学习对象：六、七年级学生

课时安排：15 课时（6 课时校内，9 课时校外）

活动地点：1. 校内：生物实验室

　　　　　2. 校外：上海自然博物馆的"缤纷生命"、"探索中心"

活动资源：1. 校内：教师自编教学资料

　　　　　2. 校外：上海自然博物馆的缤纷生命（千足百喙展区）

探索中心（自然探索移动课堂）

（二）馆内教学过程（以第一次活动为例）

表 4－12　"鸟类的喙形与食性"活动方案

鸟类的喙形与食性			
在馆时间：下午 场馆资源：缤纷生命（博物馆提供 20 份学习单）、探索中心			
教学内容	教师行为	学生行为	教学说明
引入 （直接引入）	1. 带领学生到达 B2 层"缤纷生命"展区 2. 根据课前学习情况，讲解参观要求，分发"绿螺欢乐多"学习单	听讲、分组，明确参观学习要求	让学生了解参观内容；培养合作学习的能力；养成文明参观的习惯
鸟类的喙形及其食性	1. 指导学生学习了解不同种类的喙 2. 指导学生学习了解鸟类的食性，分析不同的喙与食性相适应的特点	1. 参观"缤纷生命"展区，了解鸟类不同的喙形 2. 与伙伴讨论不同的喙与食性相适应的特点	任课教师指导学生以小组合作学习的方式，观察鸟类喙形和食性的标本和资料 通过观察学习和讨论，使学生感受到鸟类不同的喙是与它们不同的食性相适应的，渗透生物适应环境的重要性
猫头鹰的食丸	1. 教师带领学生到 B2"探索中心" 2. 博物馆教育人员指导学生学习	完成"小小博物家"体验课程的学习	通过"自然探索移动课堂"学习，了解猫头鹰的相关知识，深入了解鸟类的食性

教学内容	教师行为	学生行为	教学说明
小结	回顾学习内容，指导学生做好离开博物馆的准备	收拾学习工具和材料，整理学习资料	培养学生养成课后整理实验材料和工具的习惯
（作业）	整理参观学习过程的各项资料，修改完善教学设计	1. "绿螺欢乐多"学习单——鸟类的喙形与它们的食性有关吗？ 2. "猫头鹰的食丸"课后体验小结	引导学生体验课外学习的乐趣，并尝试把自己掌握的知识以思维导图的形式反馈整理并展示

（三）教学片断

课堂引入：

教师："海阔凭鱼跃，天高任鸟飞"，鸟类的飞行本领惊人。为什么鸟类能在天空中自由飞翔？鸟类的哪些特征是与飞行生活相适应的？我们该如何保护鸟类呢？

活动1：羽毛的结构

同学们拿到了一些鸟类的羽毛，通过动手实验，大家发现被弄乱的羽毛是可以梳理整齐的，仔细观察，发现了羽毛上的羽小枝和羽小钩结构。

学生：怪不得经常看到鸟类会用喙整理羽毛呢！羽毛的结构如此精妙，可以让鸟类不怕雨水。

教师：鸟类的羽毛不怕水，但是，如果遇到了石油会如何呢？

学生：羽毛上的结构都黏在一起不蓬松了，鸟类再也不能展翅高飞了！

教师：现在你们能理解石油泄漏事故对水生鸟类的危害了吗？

学生：我本来只知道，石油泄漏污染了环境，没有想到还会危害鸟类，鸟类不能飞翔就只能面临死亡了。

活动2：鸟类起飞

通过观察翼的模型，同学们尝试用吹风机模拟鸟类起飞时的风向，深刻了解逆风起飞的原理。

教师：鸟类这种特殊的飞行器官给人类带来的启发是什么呢？

学生：人类根据这个特征研究发明了飞机！有了飞机这种交通工具,就大大缩短了我们往返各地的时间,可以称得上是具有跨时代意义的交通工具大革命吧！

学生：我们在鸟类身上学到了很多知识啊！

活动3：鸟类的骨骼

虽然一些同学已经知道,鸟类的骨骼是空心的,但是真的拿到鸡骨头的时候,大家还是有点小小的激动,第一次看到纵向解剖开的鸡骨头哦！紧接着,同学们做了一个小实验,比较了鸽子、兔子、牛蛙、蛇的脊椎骨在水中的沉浮情况。

活动4：鸟类的呼吸

鸟类的呼吸方式是双重呼吸,在这个学习环节,知识渊博的小榕同学,大胆地走上讲台,为小伙伴们讲述了鸟类双重呼吸的过程,让大家啧啧称赞！

教师：知道了鸟类的骨骼和呼吸方式以后,说说你的感受吧。

学生：平时看着小鸟飞来飞去很自由,没想到它们身体的结构如此神奇,中空的骨骼可以减负,气囊的存在可以提供足够的氧气,对于那些需要长途迁徙的鸟类而言何其重要啊！

学生：上海的崇明东滩是候鸟的一个停留地,它们在体力大量消耗之后需要在这里休息补给,但是,我们每年都会在新闻中看到有人偷猎这些候鸟,他们的这种行为不仅触犯了法律,而且会让那些鸟类害怕,以后就不会到这里停留,那么,我们就再也看不到它们了。

学生：对！我们要做一个守法小公民,更要劝诫那些想偷猎的人,我们要爱护这些人类的朋友！

（四）教学效果

在这些丰富多彩的活动中,同学们了解了鸟类适应飞行生活的基本特征,观察与动手能力也得到了锻炼。同学们都说,回去以后还要继续探索鸟类身体的奥秘,更要做一个保护鸟类的志愿者。

本节课的主要内容从表面上看,就是了解鸟类适应飞翔的特征,但是在学习过程中,同学们流露出了对鸟类的真情实意,他们不仅感叹鸟类身体结构的特殊性,而且还真切地感受到鸟类面临的各种危险。同学们有感而发,提出了各种有意义的想法,这个时候,"保护鸟类"已经不单单是一个口号,它已经像一颗种子一样埋在同学们的心里,等待着萌发!

(五)教学反思

生命科学是一门自然学科,探究客观世界是自然学科的共同特点。《上海市中学生命科学课程标准(试行稿)》明确指出其"旨在培养学生的生命科学素养"。它以观察作为最基本的学习手段,而课堂外的生命物质、生命现象处处可见,故生命科学的课堂显然不应该仅仅局限于教室。只有走出教室,走进自然,才能感受生命的真实。求真是生命科学学科的育人价值之一。在自然博物馆中,无论是参观鸟类的喙和足,还是走进探究教室,边实验边学习,同学们就这样你一言、我一语,在玻璃橱窗前,在琳琅满目的标本中,在宽松的氛围里,把鸟类的结构特点、生活习性都掌握了。而教师演示PPT中的鸟类图片,怎能和学生的亲身体验相比呢? 再美丽的图片都无法超越真实的生命物质所带给学生的感受。可见,真实的观察,哪怕再短暂也是难忘的,会让学生对周围的世界产生一种信任感,也会产生一种体验感。

生命科学是一门实验科学。生命科学教育必须改变传统的学习方法,根据学科特点,强调学生的主动学习、实验环节、探究环节。生命科学课堂中的实验对象,无论是植物还是动物,甚至是微生物,它们都是有生命的个体或群体。而学生们接触的鸟类羽毛、鸟类骨骼、鸟类标本,都来源于生命体,它们的存在是为了让我们更好地学习科学知识,所以尊重生命体,在实验中善待它们也是我们必须要做的。尚善也是生命科学学科的育人价值之一。学生们可以梳理那些小小的羽毛,可以抚摸那些标本,可以研究鸟类的骨骼,通过这样的实验,教师可以引导学生认识到应该善待我们身边的每一个生命体,哪怕只是一片已经没有生命迹象的羽毛。

生命科学的研究对象五花八门。大到宏观世界里绿叶的青翠、鲜花的斑斓、鱼类的水生、鸟类的飞翔、人体的层次;小到微观世界里细菌的三种形态、人类染色体的图谱、DNA的双螺旋结构。凡此种种,无不展现着生命世界的美。无论是哪种形态的生命体,我们都应该以一颗宽容的心去容纳之。在学习生命科学基础知识和基本技能的同时,在体验探究的过程中,我们更应该形成正确的价值取向,学会悦纳生命的美好。

　　生命科学作为自然学科中的一门基础课程,它的基本任务是培养学生的生命科学素养。生命科学的学科特征决定着它对培养学生对人类自身的健康和终极关怀等现实问题的关注,这也是它作为落实《上海市中小学生生命教育指导纲要(试行)》的显性课程所必须承担的责任,生命科学具有不可替代的学科育人价值,每一位生命科学教师都有责任在教学中体现出这个育人价值。

　　请记住：没有也不可能有抽象的学生……教学与教育的技巧和艺术就在于，要使每一个儿童的力量和可能性发挥出来，使他享受到脑力劳动中成功的乐趣。这就是说，在学习中，无论就脑力劳动的内容，还是就所需的时间来说，都应当采取个别对待的态度。

——苏霍姆林斯基

　　学生的个性差异是客观存在的，在班集体教学制度下，如何保证每一个学生公平地接受教育，促进不同学生学习潜能的发展，最终整体提升教育教学质量，是当前基础教育改革与发展中面临的一个重要课题。特别是随着就近入学的推进，学生在学习基础、学习兴趣、学习能力等方面的差异表现日益凸显，而整齐划一的班级授课制缺乏必要的弹性与针对性，难以充分照顾学生的学习差异。最近发展区理论认为，每个学生都存在着两种发展水平，一是现有发展水平，二是潜在发展水平，现有发展水平和潜在发展水平之间的区域则被称为"最近发展区"。教学的目的就是不断地把"最近发展区"转化为现有发展水平，并不断地创造更高水平的"最近发展区"，从而推动学生的发展。分层走班教学践行"分类指导，分层递进"的思想，正是为了更具针对性地帮助学生从现有发展水平向潜在发展水平的过渡，从而使其潜在发展水平转化为新的现有发展水平，产生新的"最近发展区"，使各个层次的学生在学习过程中都能得到应有的发展。

第一节　走在儿童发展的前面

follow ⇒

　　分层教学在我国有着源远流长的实践基础。孔子的"因材施教"思想对后世产生了深远的影响。二战后，分层走班教学作为一种新兴的教学模式，在西方一些国家尤其是美国十分流行。20世纪90年代，国内的诸多学校也相继开展分层走班教学的改革试验，探索"解决教学要求的整齐划一性与学生实际学习可能的差异性之间的矛盾"

的策略。无论是在国外还是在国内,分层教学的产生都不是偶然现象,而是在认识到班级授课制的局限的基础上,为弥补班级授课整齐划一的不足而提出的,是班级授课制下实施个性化教学的探索。

关于分层教学的科学含义,归纳总结诸多研究观点后,可以发现,分层教学比较集中地强调了几点:一是学生的现有知识、能力水平;二是分层次;三是所有学生都得到应有的提高。综合各家观点,分层教学就是教师根据学生现有的知识、能力水平和潜力倾向把学生科学地分成几组各自水平相近的群体并区别对待,这些群体在教师恰当的分层策略和相互作用中得到最好的发展和提高。

一、分层教学的发展价值

分层走班教学根据学生某一学科的学习水平,结合学生的学习能力和学习兴趣,将学生分成三到四个层次,组成新的学科教学集体。学科"走班"并不打破原有的行政班,只是在学习这些学科课程的时候,学生按各自的程度到不同的班去上课。其特点是教师在课堂上只教授一到两个层次的学生,有针对性地组织教学内容,确定与其基础相适应又可以达到的教学目标,以降低"学困生"的学习难度,尽可能地发展"学优生"的学科能力。分层走班教学的价值主要体现在以下方面。

(一)逐层逼近"最近发展区"

"最近发展区"理论是基于苏联教育家维果茨基提出的儿童教育发展观。维果茨基认为教学必须考虑儿童已达到的水平并要走在儿童发展的前面,在确定儿童发展水平及其教学时,必须考虑儿童的两种发展水平:一种是儿童的现有水平,即儿童独立活动时所能达到的解决问题的水平;另一种是儿童可能的发展水平,即儿童在有指导的情况下借助成人的帮助可以达到的解决问题的水平,或是借助他人的启发和帮助可以达到的较高水平。两者之间的差异就是"最近发展区"。教学应着眼于学生的最近发展区,为学生提供带有难度的内容,调动学生的积极性,发挥其潜能,超越其最近发展区而达到下一发展阶段的水平,然后在此基础上进行下一个发展区的发展。

依据相关思想,"最近发展区"是学习的最佳期限,即发展教学最佳期限,在最佳期限内进行的教学是促进学生发展最佳的教学。教学应根据"最近发展区"设定,让教学走在学生发展的前面,对其施加影响,使学生在最佳期限内获得最佳学习效果,充分发挥个体潜能。教学的目的就在于不断地把最近发展区转化为现有发展水平，并不断地创造更高水平的最近发展区，从而推动学生的发展。

在由几十位学生组成的班级教学中，学生之间的"最近发展区"存在明显差异。这就向教师提出了一个问题，即在由不同的"最近发展区"学生组成的班级中，怎样开展教学工作才能聚焦于每一个学生的"最近发展区"，走在学生现有发展水平前面，通过提供带有难度的内容，调动学生的积极性，发挥其潜能，使其超越最近发展区而达到下一发展阶段的水平。

实施"分层教学"是解决这一问题的有效办法。在"分层教学"中，由于根据学生的学习可能性水平将全班学生区分为若干层次，并确定与各层次学生的实际可能性相协调的分层教学目标，从而便于教师把教学难度确定在每层学生的"最近发展区"内，让每一个层次的学生都有一个自己的"最近发展区"，在他人的帮助下自己努力"跳一跳，摘果子"，让每一个学生都能尝到成功的喜悦，以"成功"来激励自己，发挥求知的"内驱力"，从而较好地解决班级教学中统一要求与因材施教的矛盾，促进学生的发展。

（二）促进学生个性化发展

促进学生的个性化发展是新的时代背景下教育内涵发展的实际追求，其本质内涵在于教学以学生的个性差异为依据，适合不同学生的特质和强项，实现不同类型和层次学生的成长。而作为学校教育中最为现实的教育形式的班级授课制，虽然一度极大地提高了教学效率，满足了社会迅速发展对人才数量的强大需求，但这种强调格律统一、面向多数、步调一致的教学形式在"着眼中间，兼顾两头"的方针指导下，却在对受教育者个体特征及其发展需求的关注方面不尽如人意。

学科分层走班教学将学生的个体差异视为一种可以开发利用的教育资源，在不打破班集体教学组织形式的前提下，融入个性化教学、个别化教学的理念，在综合考虑学生个性差异的基础上将学生分为若干层次，教学中针对不同层次学生的实际，在教学目标、教学内容、教学途径、教学策略以及教学评价等方面都有所区别，为学生创造多种尝试、选择、发现、发展的条件和机会，不断鼓励学生向更高一级迈进，从而促使全体学生都得到应有的发展，有利于促进有差异的学生实现个性化发展。

分层教学既是一种教学组织形式的变革，同时也包含着对教学方法手段、课程教材等的变革与优化,从而能够实现即便是在集体教学的前提下对学生个体差异和个性特质的尊重与发挥,最终促进每一位学生的健康成长。

（三）有利于实现教育公平

形式"相同"的教学看起来平等但未必公平,对不同的学生个体而言,适合的教学才是最好的教学,才堪称最为公平的教学。分层教学尝试从教育理念的更新、教学方法的变革、教学模式的重建和教学组织的创新等方面,创设既保证学校的教学效率,同时又兼顾每个层次学生的心理差异和特点,并最终促进其个性成长与发展的教学活动。因此,可以说,分层教学是更具公平内涵和意蕴的一种教学理念与实践形态。分层教学的公平意蕴可以从教学起点、过程、结果三个方面来解析。

分层教学设计体现每个层次学生的差异,努力做到教学起点公平。分层教学从教学的起点就已承认了学生间的差异,同时也将学生的差异作为设计与安排教学活动的基本出发点。教师在认真研究、充分了解每个层次学生的特点,且尊重学生差异的基础上,才能够做到有针对性地进行教学方案的设计、活动的安排及方法和策略的选择。只有在教学活动开始之前的设计中就体现出对不同学生个性的充分观照,才有可能在教学过程中为每个学生的平等参与提供恰当的平台与机会。

分层授课中注重发挥每个学生的优势潜能,努力实现教学过程公平。在分层走班教学中,教师进行分层授课,根据不同层次学生的学习需求,有针对性地进行教学方案的设计、教学活动的安排及方法和策略的选择。同时,设置分层作业,设计不同层次的例题和练习,并进行必要的分层辅导,在发挥每个学生强项的同时最终为学生的个性化发展搭建舞台,从而体现了教学过程中的公平理念和精神。

分层评价指向每个学生的成长,促进教学结果的公平。采取"不同标准,分层评价"的方法,细化不同层次班的教学评价内容,加强不同层次学生不同试卷的设计研究,使得评价内容与学生学习现状更加适切。为了更好地对学生进行个性化评价,学校为每一位学生建立个人学习档案袋,记录学习的点滴,进行过程性评价。档案袋包含学生每一次考试的试卷内容、得分情况、标准分;在学习中取得进步的情况;课堂参与度、精力集中程度以及课后作业质量,以自己独特的能力和兴趣探究课本以外的课题等方面。通过教学评价手段和方式的合理调试,引导每个学生丰富、多元且个性化的成长，最终为实现每个学生的最优发展提供可能。

二、分层教学的发展原则

依据"最近发展区"理论，学生的发展存在两种水平，教学要适当地走在发展的前面，同时强调学生学习的"最佳期限"，这对分层教学的实践提供了以下指导原则。

（一）可接受性原则

巴班斯基指出："可接受性原则就是要求教学的安排要符合学生的实际学习的可能性，使他们在智力上、体力上、精神上都不会感到负担过重。"在分层教学中，教师要充分考虑各层次学生的实际，包括其知识基础、学习方法、能力等方面的实际情况，从各层次学生的"最近发展区"出发设计教学目标，提出学习任务，使各层次学生都能"跳一跳，摘果子"，而要做到这一点，首先要充分、全面、准确地了解学生的情况。因此，教师需要通过智商、非智力因素调查，把握学生的智能及学习的兴趣、动机等情况；通过摸底测试，了解学生的学习成绩、学习基础；通过个别谈话、家访、座谈等了解学生的个性、爱好及家庭情况。在此基础上客观、科学地确定学生的层次，合理地开展分层授课与分层辅导。

（二）递进性原则

维果茨基认为："教学不应当以儿童发展的昨天，而应当以儿童发展的明天为方向。只有这样，教育才能在教学过程中激起那些目前尚处于最近发展区内的发展过程。"因此，教学过程的重点不应着眼于学生现存的、已完成的发展过程，而应着眼于他们正在形成或正在发展状态的过程，只有走在发展前面的教学才是良好的教学，才能促进学生的发展。分层不是给学生贴上标签，束缚他们的思想。分层不是手段，其目的是为了各层次学生获得最佳发展。学生的学习是动态的、可变的，所以在教学中要秉持"分层是手段，递进是目的"的原则，教师要鼓励低层次学生向高层次发展，特别是注重评价方法的改革，多给予鼓励性评价，激发学生的上进心、自信心，使他们不断跃上新台阶，不断向高层次目标迈进。

（三）反馈性原则

维果茨基认为静态评估只能代表智力发展已经取得的成果，是"完成式"，忽视了智力发展的过程性、动态性、上升性。而"最近发展区"理论正是强调以儿童当前的智力水平为基础,不断地在动态评估教学中挖掘智力潜质,促进潜在能力的发展。反馈是了解教学情况、掌握学生学习状况的重要手段。只有当教师及时通过各种手段来了解学生学习的情况,才能针对实际情况,采取相应的策略。在分层教学中教师要采取"多次反馈,补救教学"的措施,通过练习、测试、提问、讨论等方式,及时把握各层次学生的学习情况,及时调整层次,加强对学生的个别指导,特别是对学习困难学生的辅导,从而使每一个学生在学业上都获得进步。

第二节 带有适当挑战性的学习任务

针对目前我校初中学生在数学、英语学科的学习基础、学习程度、学习习惯、学习要求、学习结果等方面已出现较大差异的现状,我校打破传统的固定教学班级模式,根据学生的学习程度和能力进行学科分层走班教学,设置带有适当挑战性的学习任务,因材施教,以更好地适应学生差异,满足不同学生的学习需求。

一、分层走班教学实施原则

在基础教育课程改革的背景下,实施分层走班教学应遵循以下原则。

(一)尊重差异,以学定教

由于生理素质、环境和教育的影响,以及主观努力诸方面的差异,每个学生的身心发展水平都表现出特殊性和差异性。教学必须充分考虑这种个别差异,对具体情况作具体分析。在统一要求的前提下,坚持因材施教,教师的"教"要适应学生的"学",学是有差异的,教也要有差异。即使在同一层次的教学中,教师也应针对不同类型的学生施以有差别的、灵活多样的措施。对学习信心不足或缺乏意志的学生,必须多给予鼓励,使其找回自信,增强自控能力;对基础差的学生,要给予热情关怀和照顾,加强个别辅导;对语言表达缺乏条理的学生,要多让他们在课堂上作复述和发言,以克服其不足;对学习马虎大意、漠不关心的学生,除进行学习目的教育外,必须严格要求他们认真完成作业。

（二）挖掘潜力,差异发展

分层教学将学生区分为若干层次,是为了便于开展有针对性的教学,而不是为了给学生贴上标签。分层是手段,目的是为了让各个层次中的每个学生都能获得应有的最佳发展。教师要充分认识到,包括学习困难学生在内的所有学生都是有充分发展潜能的,课堂教学中要形成一种促使全体学生都能在各自原有基础上得到良好发展的机制。在教学中,教师应善于发现学生的"最近发展区",通过设置带有适当挑战性的学习任务,充分挖掘学生的发展潜能。教师务必始终坚持"分层是手段,发展是目的"的原则,鼓励低层次学生向高层次发展,特别是注重评价方法的改革,多给予鼓励性评价,激发学生的积极性、自信心,使他们不断向高层次目标迈进。

二、分层走班教学的具体操作

在多年的教育教学实践中,我校不断探索分层走班教学的实施流程与运作机制,即研究分层的标准、层间流动条件、课表安排、学生管理、师资配备与教研安排以及建立相应的评价制度等,形成了一套分层走班教学的有效模式与运作机制。

（一）学生分层

学生分层是学科分层走班教学的基础和前提。学生分层标准是否科学,将直接关系到学科分层走班教学的成败。把握学生分层标准是学科分层走班教学的核心问题。分层标准不科学或科学性低,将会影响学生分层的全面性,进而影响到分层走班教学的实施效果。

学生分层的基础是充分了解、研究学生,一是了解学生的一般学习状况及其可能性,二是了解学习活动的具体学习准备。方法可采用观察、谈话、问卷、测试、作业分析、教育会诊等。建立科学合理的学生分层标准,要兼顾学生的学业水平和学习情态,综合考虑学生的学习潜力和可能性,突破传统教学意义上只是考虑学生的成绩、能力的简单做法,防止分层的标签效应。恰当地划分层次数和班级人数,选择合适的学科和分层时机开展学科分层走班教学。以我校六年级的数学分层为例:

教导处汇总 114 名学生小学阶段五年级所有的数学考试(阶段练习)成绩,以及开学初学生数学能力的测试,进行电脑系统处理排序。同时,教师广泛征求小学年级组长、班主任、数学任课教师的意见,了解学生的学习情况,包括学习能力、学习习惯、学习方法、学习潜力、学习结果、家庭环境等各方面因素,并基于此进行微调,尤其关注临界点的学生,尽可能满足所有学生的需求。此外,我们还召开了家长会,交流我们的想法、具体操作步骤等,得到了家长们的支持,为分层走班教学创设了必要的条件。最终,我们将 114 名学生分成三个层次四个班级,见表 5‑1。

表 5‑1　层次班的学生情况

层次班名称	层次班	人数	学　生　情　况
A	A	38	学习兴趣浓厚,爱好广泛,求知欲强,基础扎实,学习成绩好且稳定
B2	B甲	29	智力因素较优,有一定的潜力,但缺乏刻苦学习精神,学习兴趣较淡薄,学习成绩不稳定(两个平行班)
B3	B乙	29	
B1	C	18＋1	学生智力或非智力因素相对较差,学习较为困难,对学习不感兴趣,没有学习动力,学习成绩不理想(其中一名是随班就读生)

在设置课表上,各层次班的数学课均安排在同一时间,学生在数学课时进行流动,异班同层走班上课。其余科目则返回行政班上课。

(二)师资配备

分层教学能否取得显著成效,关键在于层次班任课教师的教学和管理。因此,在为 A、B、C 三类层次班配备任课教师时需要综合考虑,既要有利于学生的学习,又能调动每个教师的工作积极性。学校应根据教师的教学风格和特点公平地安排合适的教学班级。学生的学习层次固然有高低,但各层任课教师在教学水平、敬业精神、管理能力等方面不应有太大差距,特别要注意不能将各层次教学目标的高低等同于任课教师教学水平的高低,力避"好老师教好班,差老师教差班"的不当做法。从某种意义上讲,C层教学班尤其需要配备教学经验丰富、教学功底深厚、教学方法灵活、敬业精神强、具备丰富的心理学知识和恒心、细心、耐心过硬的优秀教师。A层教学班则应配备辅优经验丰富,思路特别敏捷、开阔的教师。上述两类老师都是好老师,但如果将他们的班级对调,也许他们都会成为学生眼里不受欢迎的老师。

根据教师的教学风格与特长,我校合理配备了四名数学教师任教六年级分层教学,见表5-2。

表5-2 层次班师资配备情况

层次班	工 作 任 务
A层次班	1个教学班,副校长
B层次甲班	1个教学班、1个七年级平行班、七年级班主任
B层次乙班	1个教学班、1个七年级平行班、备课组长
C层次班	1个教学班、六年级班主任、六年级年级组长

教务处在设置课表时,将六年级的数学课安排在同一时间,学生在数学课时进行流动,其余科目则返回行政班上课,保障了数学分层走班的上课时间。最后,我们还安排了专用室作为A层次班的教学教室,充分利用专用室的资源,保障了学生的数学分层走班的上课地点。

（三）分层施教

实施分层教学对学生分层的基本假设是,同一层次的学生具有大致相同的学习需求。由于各层次学生群体的需求不同,要分层设定教学目标,分层安排教学内容和教学进度,分层布置练习和作业,分层考核。如何准确把握各层次班学生的学习状态,开展适合他们需要的教学是决定分层走班教学有效性的关键,因此,学校不断加强对备课、上课、作业、辅导、评价等教学五环节的要求与管理。

分层备课,确定不同层次的教学目标。加强教研组、备课组集体教研活动,通过研修重新设计教学目标,提高或降低难度,再将教学过程中的重点、难点实行分层,同时,对学生的能力进行预测,制订分类指导方案,预测课堂生成问题,有的放矢。以《因式分解》为例,C层次班级的教学目标确定为:掌握各种基本的因式分解方法,对于十字相乘法仅限于二次项系数为1,这样可以提高学生的学习信心;B层次班级的教学目标确定为：熟练掌握各种因式分解方法，并且掌握二次项系数不是 1 的十字相乘法；A层次班的教学目标确定为：熟练掌握各种因式分解方法，并且掌握二次项系数不是 1 的十字相乘法，了解特殊的高次多项式的因式分解，激发学生的求知欲望。

分层授课，落实不同层次的教学内容。具体要求执教教师针对教材内容、围绕目标，将所教知识分解成一个个可供各类层次学生尝试学习的小知识点，然后按知识的结构顺序，由易到难、特殊到一般、具体到抽象的原则进行教学设计。学生分层走班后，相对统一水平层次的学生在同一课堂内完成数学学习任务。

表 5 - 3　分层授课的内容与方式

层次班	授课内容	学习方式	分层练习	分层考核
A	课本内容、拓展内容	开放、探究、主动	减少基础题、增加能力开放题（必做）	9：1
B	课本内容、选择拓展	部分探究、主动	基础题、能力开放题（选做）	8：1：1
C	课本内容、基础训练	在老师指导下完成学习任务	基础题	5：3：2

以"三角形三边之间的关系"为例，C层次班学生只要跟着老师一起搭建三根小棒，感悟"两边之和大于第三边"，会直接判断"已知三边，能否构成三角形"；B层次班学生需要动手操作，不仅能直接判断，而且能根据已知条件，求出第三条线段的取值范围；A层次班的学生，在B层次班授课要求的基础上，探索"两边之和大于第三边"的应用与说理。这样分层授课，满足了不同层次学生的需求。

分层作业，关注不同层次的学生发展，教师团队设计不同层次的例题和练习，让不同层次的学生都能在原有知识水平上得到提高。例如，教师在教学《圆》时，针对不同层次的学生选择相适应的作业：C层次班选择类似根据半径直接计算圆的周长和面积这些基础题；B层次班在C层次班的基础上选择已知周长、面积求半径的作业；而对A层次班的要求则更高，拓展一部分组合图形的周长、面积问题。这样的作业分层，促使每一个学生在他的认知水平、能力范围内有所发展。

分层辅导，提高不同层次学生的学习效果。各层次班每天有 20 分钟左右的辅导时间,C层学生每天要增加30分钟校内练习时间,确保学有困难的学生在老师的指导下完成基础作业。

表5-4　分层辅导的要求

层次班	辅 导 要 求
A	有目的地布置题目,压担子,尽量挖掘其内在潜力
B	对大部分中下等生,教师要在基础课的基础上适量加深内容,以促进其知识的加深和拓宽
C	采取学生多练习,教师多批改,集中进行训练的办法,以强化基础内容的巩固

分层考核,激发学习兴趣。根据教学内容,选择与教学任务相适应的评价试卷:C层次班的学生应完成试卷上必做的基础题;B层次班学生应完成试卷上的基础题和提高题;A层次班学生在此基础上需要额外完成拓展题。此外,授课教师更关注过程评价,重视学生在原有基础上的进步,采用绿色质量评价指标并量化为总评分值。这样的分层评价方式,学生和家长都给予了充分的肯定,极大地激励了不同层次学生的学习兴趣。

(四) 教学评价

如何实施层次班数学教学评价? 其难度非常大。除了必要的问卷调查、学生访谈、周报表管理、质量监控等以外,还必须根据学生的流动情况进行数据(标准分)处理,采用分层评价和统一评价相结合的方式。

表5-5　层次班教学评价内容

层次班	评 价 内 容
A	教学任务(课本内容、拓展内容)完成情况,班级平均标准分变化情况,学生流动情况,学生各类数学竞赛获奖情况,问卷调查,教案检查,课例研究,优秀率等
B	教学任务(课本内容、部分拓展内容)完成情况,班级平均标准分变化情况,学生流动情况,问卷调查,教案检查,课例研究等
C	教学任务(课本内容)完成情况,班级平均标准分变化情况,学生流动情况,问卷调查,教案检查,课例研究,合格率等

学校对备课组活动的质与量，及时进行监控，每周一次备课，每月至少一次根据课程标准对教学章节从不同的方面进行层次班教学研究。不同层次班的评价内容不同，对于单元练习，不同层次班的试卷不同，但目前兼顾到将来的综合素质评价，对于关键性的期中、期末考试还是采用统一测试的方式，使用同一张试卷。为此，数学备课组还要加强对不同层次学生不同试卷的考核的研究，使得评价内容与学生贴切。

学校对教师进行科学评价，不是只看重层次班的平均分，而是看重层次班的平均标准分的变动情况，以 C 层次班为例，近六次期中、期末考试中的班级平均标准分分别为：-1.1、-0.94、-0.89、-1.16、-0.64、-0.91，从数据分析来看，C 层次班的教学效果有较明显的进步，这一点也在家长问卷、学生座谈中得到了证实。

学校对学生个体变化也作了跟踪评价。例如 A 学生各次的标准分分别为：-0.41、-0.34、0.65、0.76、0.29、0.72，层次班的老师根据学生标准分的变动情况，充分肯定该学生的学习情况，对 A 学生及时表扬，同时了解其中一次退步的原因，帮助该学生排除干扰，促使其更好地成长。

（五）班级管理

学科分层走班教学会带来一些新问题，如由于学生分布在不同层次的班级上课，对学生的管理提出了更大挑战；学生在不同的分层班上完课后回行政班，不便于任课教师的集中辅导；低层次学生容易安于现状；分层会对 C 班学生的自我概念构成不良影响等。因此，要不断优化层次班级的管理工作。

层次班要为每位学生建立学习档案袋，及时登记学生的日常表现；组建有力的班干部队伍，明确各自职责（层次班长、课代表、卫生、考勤等），学生进行自主管理；建立层次班班务日志，记录教学班上课时的各种情况，并及时反馈给行政班班主任。

原有行政班实行班主任跟踪制，加强与各位教学班老师的交流与沟通工作，及时了解学生的上课听讲情况、完成作业的质量情况、考试的情况，并根据具体情况，与任课老师一起对学生进行教育。同时，加强与学生家长的沟通联系，及时了解学生的学习情况。

（六）层间流动

分层的目的主要是为了让所有学生都能在原有的基础上得到发展。所以学生分层不应是静止的、不变的，而应是动态的、可变的，一个学期或学年后，根据学生的实际情况作层际调整，鼓励每层的学生都积极向上递进，以调动各层次学生学习的积极性、主动性。具体操作时，我们必须考虑到绿色评价指标，重视过程评价，及时与家长联系，做好联系记录，形成学生情况书面材料，由学生和家长提出层次流动的书面申请，经年级组和备课组集体讨论后，决定学生流动名单。为了稳定，一般流动人数不宜过多，流动次数不宜过频。

三、分层走班教学的注意事项

影响学科分层走班教学的因素众多，如社会舆论、传统的教育体制、家长的态度、本校的实情、教师的观念、学生的认识及心态、分层的标准、分层后带来的管理及评价问题等，这些因素都会在不同程度上影响学科分层走班教学实施的效果。因此，在实施分层走班教学中应当注意以下几方面。

（一）加强宣传，促进合作

学科分层走班教学在结构形态上与一度盛行的"快慢班"的呈现方式大致相近，在形式上很容易给人造成一种错觉，似乎它是给学生"贴标签"，以不公平的手段对待有差异的学生，人为地制造一种教育起点的不平等。其实，恰恰相反，分层走班教学是尊重学生个性及发展的差异，有针对性的、区别对待的方式是对学生人格尊重的合理解释，这才是一种实质上的公平教育。因此，学校在开展分层走班教学前要加强对家长的宣传工作，解决家长的疑虑，使家长充分认识到"分层是手段，发展是目标"，使家长理解分层教学的意义和价值，积极创造条件，努力形成家校合作优势。

（二）动态把握，层中分层

在层次划分以后，同一层次班的学生仍然存在差异，虽然分层后，层内差异显著减小，但依然有相对的能力高低之分。在同一课堂内仍需根据学生的学习能力进一步分层。教师在教学各个环节要照顾到层内不同层次学生的需要，对较高能力的学生可以布置进一步的学习任务，补充高一层次的学习内容，为其升到高一层次的班级创造条件；对能力相对较差的学生要予以个别辅导。比如，在课堂练习阶段，其他学生独立或通过讨论完成练习，教师可以利用这段时间为较差的学生单独讲解，使之跟上班级进度。当然要以不耽误其他学生的学习进度为前提。层中分层是一种分层后在班级内比较灵活的分层，主张隐性分层，即教师心中有数，不必让学生知道自己所处的层次。

班内分层调整也不宜太频繁,学科教师要尽可能地全面了解学生在该学科的能力结构,根据学科课程对能力的要求合理地调整学生的层次。

（三）档案袋评价,激发兴趣

分层走班教学采取"不同标准,分层评价"的方法,不同层次班考核难易度不同,学生所得的分值不同,不易进行统计与比较。为了更好地对学生进行个性化评价,学校应为每一位学生建立个人学习档案袋,记录学习的点滴,进行过程性评价,对学生进行全方位的管理、跟踪。学习档案袋包含学生每一次考试的试卷内容、得分情况、标准分;在学习中取得进步的情况;课堂参与度、精力集中程度以及课后作业质量,以自己独特的能力和兴趣探究课本以外的课题等方面。通过档案袋评价,记录学生的学习过程与点滴进步,不断激发学生的学习兴趣。

第三节　让小草和大树共享阳光雨露

为了适应学生的个体差异,学校在数学学科上进行了教学组织形式的变革,根据学生的不同水平层次把学生分成一个 A 班、两个 B 班和一个 C 班进行分层教学,在满足学生个体差异需要的同时,达到不同层次的教学目标,从而有效地进行"因材施教"。

一、分层备课,让每一个学生的学习真正发生

为了更好地开展变革教学组织形式下的教学工作,首先要求数学备课组的备课形式和内容都要有所调整和创新,需要根据分层教学的特点,展开行之有效的备课研究,并形成相应的教学策略,让每一个学生的学习真正发生,从而达到提高教学效率的目标。通过长期的实践和每次备课组活动的热烈探讨与深入研究,数学组总结出了与分层教学相适应的一些策略和方法。

（一）制定备课组活动总体目标

1. 探索契合学生学习特点的 A、B、C 班分层教学模式，提炼可操作的有效教学策略。

2. 探索适合 A、B、C 班分层教学组织形式的教学常规，提高教师教学工作的效率。

3. 发挥备课组教学研究及教学管理功能，以 A、B、C 班分层教学的双赢共进提高整体教学质量。

（二）制定备课组活动的流程

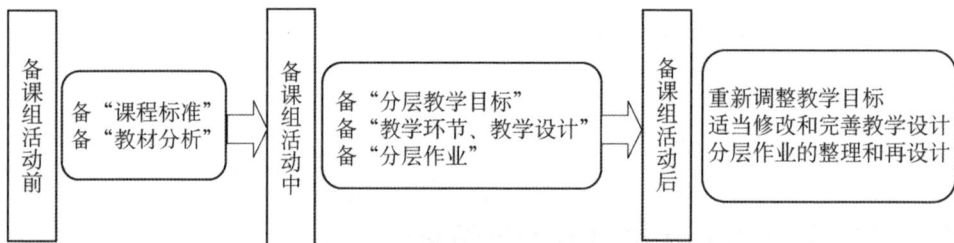

图 5-1 初中数学分层备课活动流程

1. 备课组活动前

（1）备"课程标准"

需要备课组的各位教师在每周备课组活动前对将要展开讨论的章节，参考"课程标准"，考虑适合本班学生水平层次的教学目标和达成度。

（2）备"教材分析"

根据备课的内容，客观地做好不同水平层次学生对于相关知识的掌握程度的分析，以及后续学习中此知识点所起的作用和影响的分析。

2. 备课组活动中

（1）备"分层教学目标"

教学目标的分层主要是学生在教学活动中的：操作活动分层；概括能力分层；说理过程分层；数学思想方法的领悟分层；应用分层；作业设计分层；评价分层；每位教师就自己班级定制的教学目标和达成度结合教学内容具体的实施措施进行讨论和研究，

并根据需要进行调整。

例如在备"三角形的有关概念与性质"这一小节的内容时,备课组教师一致认为在"三角形内角和"概念的导出操作过程必须进行分层:

A班:"你能通过操作来说明三角形内角和为180°吗? 操作的实质是什么? 你能用说理的方式来说明吗?"通过活动环节的设置,可由学生分组协作进行操作,撕下三角形的两个角,和第三个角拼成一个平角这个最基本的拼法,一般学生是很容易拼出的,A班的学生会有更多的拼法,要及时交流和分享所有的拼法;通过第二个问题,学生会从操作过程中抽象出数学基本模型以及辅助线,从实验几何上升到演绎几何,并进行严密的演绎说理,教师在操作活动中起穿针引线的作用。班里的学生最终通过操作活动掌握从实验几何上升到演绎几何的整个过程,并且渗透多种途径解决同一问题的一题多解思想。

B班:"你能通过操作来说明三角形内角和为180°吗?"学生会比较容易操作出把三角形的三个角拼成一个平角以此来说明三角形内角和是180°,但只是停留在操作层面,学生不太容易抽象到数学模型。通过教师提问"在操作的过程中,现在移动的两个角和它原来的位置是什么关系"来帮助学生抽象到数学模型,教师可利用多媒体展示学生在操作过程中的图像变化,帮助学生找到操作的实质在于添加一条平行线做辅助,利用内错角相等得到平角,接着师生互动进行演绎说理来证明操作得出的结论的正确性,让学生体验数学的严密性。整个学习过程,让学生感受到实验操作上升到演绎几何的一个转变和抽象过程,同时让学生体会到必须从实验操作中找到数学基本模型和上升到演绎几何的必要性。同时教师可以介绍多种拼法来拓展学生的思路,帮助学生树立一题多解的意识。

C班:设计操作活动提示明确"能否通过裁剪将三角形的三个内角拼成一个平角来说明三角形内角和是180°"。学生在操作的过程中,教师可进行指导,如果有同学拼出,可让其指导其他同学互相交流。此班同学对于实验几何上升到演绎几何有很大困难,大多是靠教师教授,教师在帮助其完成操作的基础上,引出多媒体动画,展示刚才学生的操作,并让学生找到相等的角,通过提问"相等的角是内错角,如果要得到它们相等,那么这两条直线需要是什么位置关系",以此来得到实质上只要添加一条平行线就可以达到目的。整个过程以教师讲授为主。而学生通过教师的分析,能看懂实质是添加了一条平行线即可。学生在教师的帮助下感受实验几何上升到演绎几何的过程，有个大致的意识，在后续的应用中会基础应用三角形内角和为180°即可。

(2) 备"教学环节，教学设计"

对每节课的教学过程细致地分层处理，比如同一个例题三个层次的班级怎么去分析，才能有效地达到每个层次的教学目标，满足各层次学生的学习需求。

例如，在备《等可能事件》一课的例题1时：

"例1：将一个圆盘8等分，指针绕着中心旋转。求：

(1) 指针落在区域2内的可能性大小。

(2) 求指针落在区6—7内的可能性大小。

(3) 求指针落在奇数区域内的可能性大小。"

提出的分层教学实施方案为：

A班：直接由学生进行思考并解答，并说出理由，教师在旁补充即可。

B班：教师在讲解此例题时，需引导或提示学生用本课计算概率的公式：

$$P = \frac{\text{发生的结果数}}{\text{所有等可能的结果数}}\text{进行计算。}$$

C班：帮助学生先找到每一小题中的"所有等可能的结果数"、"发生的结果数"两个基本量，然后引导学生用公式进行计算。

(3) 备"分层作业"

根据三个层次班级的学生学业基础，制定不同程度的作业，并及时根据学生的学习情况做相应的调整。

3. 备课组活动后

(1) 重新调整教学目标。

(2) 适当修改和完善教学设计。

(3) 分层作业的整理和再设计。

在每次备课活动中,每位教师尽可能多地通过预设自己班级的学生在教学各环节中可能出现的状况来制定相应有效的措施,本着在课堂中,对优等生以"放"为主,"放"中有"扶",重在指导学生自学;对中等生和后进生以"扶"为主,"扶"中有"放",重在带领学生学习的原则,尽量引导不同层次的学生在各不相同的"最近发展区"前进。后进生必须基本上达到大纲的要求,优生尽其所能拔尖提高。尽量满足不同层次学生的学习需要,激发他们的学习兴趣,调动全体学生非智力心理因素的积极作用,从而达到分层教学、因材施教的目的。通过备课组教师的不懈努力,整个年级组的学生学习数学的兴趣浓厚,钻研探究精神可嘉,并能形成"以优带差"的协作性学习,既能在走班的班级中充分发挥个人能力,得到较大的满足感,又可在回到行政班的交流中收获更多的知识,拓展自己的思维,整体的数学素养稳步提高,最终也达到了提高整体教学质量、培养各层次学生较高数学素养的目标。

二、怎样教好一般的学生

与以往的有高中低层次学生的行政班相比,B班的教学对象和教学模式有鲜明的特点,对教师的教学工作提出了一定的挑战。

（一）学生情况分析

为了更好地把握B班的教学工作,教师首先对班级的情况做了基础分析。B层次班中的"领头羊"、"后进生"都没有了,有的是一批学业水平层次相对统一的学生,他们具有一定的共性特征,又有着自己的个性特点。

共性特征:有着较优的智力因素,有一定的发展潜力,但缺乏良好的学习习惯和刻苦学习钻研的精神,学习兴趣淡薄,对待学习大多是抱着完成任务的态度,上课精力较容易分散,听课效率不高,课堂相对沉闷,参与程度低,各种原因对其发展造成了局限,导致发挥不出潜能,成绩不稳定。

个性特征:有些学生的学习习惯良好,但智力因素没有明显优势;有些学生的智力因素有较大优势,但学习习惯欠缺;还有的学生是两者皆欠缺,处于相对落后的状态。有的学生即时反应较快,但不注重积累;有的学生对知识的掌握属于慢热型,但是一旦掌握则比较牢固。

（二）课堂教学情况

面对这样一个群体，要求教师对每一堂课的教学目标要有所调整，从学生的学习需求和水平出发来制定相应要达成的程度，同时，在教学设计与实施上也要及时做相应的调整。

1. 精心设计教学环节，提高学习参与度

为了使学生能在课堂中保持较长的注意集中时间，从激发学生学习兴趣入手，在设计"等可能事件"这节课的教学环节和教学活动时，尽可能地从学生所了解的生活实例出发，如"天气预报中下雨的概率"；学生熟悉的摇奖圆盘、摸彩球等游戏，使本来相对沉闷的课堂活跃起来，引发学生的好奇心，从而有继续探索新知的愿望。同时抛硬币的实践活动的设计更是让每一位学生对等可能事件的两个量有一个感性的认识，使原来在行政班上课时，课堂被优等生掌握，B班的学生大多充当"听客"的状态，转变为自己也能成为课堂学习活动的主动参与者、实践者、主导者，使这些学生获得满足感、成就感，从而逐渐提高这些学生学习数学的兴趣和信心。

2. 搭设问题支架，提升思维张力

在缺少优等生引领的课堂上，为了使B班学生更好地达成教学目标，培养思维能力，在例题的选择和分析时，备课组教师也是协同合作，群策群力。

例如，学生在计算从一个圆盘延伸到两个圆盘的概率问题时，对于B班学生的思维能力是一个考验，没有了"领头羊"的提醒和引领，B班学生的思维表现相对来说有局限，因此在问题的设计上，备课组教师一致认为加一个小问题作为辅助——"2个圆盘总共有多少种可能性，你能全部列举出来吗"，帮助学生进行思考。

在扑克牌的概率问题设计时，"去除大小王后，抽到红桃的可能性是多少"，学生已经掌握能用52分之13来进行计算。但备课时也考虑到要尽可能地帮助B班的学生拓展思维深度和广度，因此加设了一个问题"试一试从不同的角度去求：抽到红桃的可能性大小"，同时做好了预备方案：（1）如果有学生能回答，对其进行表扬和肯定；（2）如果没有学生能回答，就加一个提醒："是否能够从花色分类"的角度分析"所有等可能的结果数"、"发生的结果数"，从而给学生搭设一个支架，接着让他们进行合作讨论并解答。同时再提出一些"抽到A的可能性是多少"等类似问题，让学生从不同的角度去分析题目，从而达到思维训练的量和质的统一。

3. 设置分层作业,优化学习效果

虽然 B 班学生的学业水平层次相对统一,但在内部依然存在差异,为了提高课堂学习的实效性,教师在作业的布置上也体现了对于 B 班学生的分层训练。教师根据所任 B 班学生的实际水平,将学生分成甲、乙、丙三组,分别为高、中、低层学生。根据不同层次学生的学习能力,布置不同层次的课后作业。一般分为基础巩固题与能力训练题,基础巩固题是每位学生都应完成的必做题;能力训练题 1 要求甲组学生和乙组学生完成,能力训练题 2 由甲组学生完成。基础巩固题与选择能力训练题的结合,使 B 班的每一个学生都能在保证掌握教学基本内容,达成学习目标的同时,能对自己有所要求,各取所需。由于分层布置课后作业充分考虑到学生的学习能力,对丙组学生没有压力,抄袭作业的现象明显减少;丙组有的学生还尝试着完成能力训练题,收获了意想不到的效果。

经过一年的分层教学,B 班学生各有所得,无论从数学习惯的养成和数学素养的提高,还是在数学学习成就感和兴趣上,都收获颇大,因为课堂由学生们主宰,他们乐在其中。但其中也不乏处于 B 层与 C 层临界点的学生,教师在其课后作业辅导以及学习态度的教育上也是给予了更多的关注,同时也帮其树立优胜劣汰的竞争意识。

在与学生不断的碰撞、不断的磨合中,教师的教学策略与方法在不断地做相应的调整、不断完善,师生之间也更加默契,相信在师生的共同努力下,孩子们将在学习中获得更大的愉悦和成功。

三、动态把握,层中分层

受分班条件的限制,分层后 B 班学生的数学素质参差不齐,对知识的领悟与掌握能力依然存在不小差距。面对这种情况,为了提高课堂教学的实效性,教师根据所任班级学生的实际水平,把每个 B 班的学生分成甲、乙、丙三组,分别为高层学生、中层学生、低层学生,将层中分层教学落实到数学课堂教学的各环节中。以 B3 班为例:授课班有 20 人,根据学生的学习态度及接受能力细化为甲组 4 人,学业目标优秀;乙组 11 人,学业目标良好;丙组 5 人,学业目标合格。

(一)确定不同层次的达成目标

课堂教学目的是支配课堂教学的主线,是课堂教学"双边"活动的出发点,它决定着整体教学的效果，教师要吃透教材，紧扣教学大纲，并在处理教材的内容和教学重点、难点时根据不同层次的学生来确定教学目标。如，对于"乘法公式"一节的教学目标可以制定出共同要求和不同要求，共同要求是：利用公式进行乘法计算；不同要求是：甲组——理解公式间的区别和联系，并能应用解题；乙组——能将公式应用于具体数字计算；丙组——利用公式进行乘法计算。

（二）设计不同层次的课堂提问

课堂提问既能及时了解学生对知识的掌握程度，又能启迪学生的思维灵感，活跃课堂教学气氛，激发学生的学习兴趣。一堂课是否成功，关键在于是否都能调动三个不同层次学生的学习积极性。对基础问题、容易问题，先让丙组或乙组学生回答，对于逻辑思维较强、概念综合程度较高的问题，可让甲组学生回答，也可分解成识记、理解、综合分析三个层次的问题，让甲、乙、丙三个不同层次的学生都有回答问题的机会。这样既能使课堂提问具有普遍性、针对性，又能提高丙组学生的学习兴趣，激励他们奋发向上的进取心；同时使甲组学生达到较高的水平，进而达到较高的教学目标。

（三）编排不同层次的课堂反馈练习

课堂练习能及时反馈不同层次学生所掌握知识的情况，能反映一堂课的教学效果，还能达到初步巩固知识的目的。课堂练习应精心编排，设计出三个不同层次的练习题，其中基本要求一致。习题技巧分三个层次，分别与甲、乙、丙三组学生的水平相适应。教师对甲组学生要提出明确具体的学习任务，着重培养他们独立学习的能力，在学生独立完成任务的过程中应适当点拨，使他们奋发进取，充分发挥。对于丙组学生，则多辅导，多鼓励，多板演，并创设一些机会，让他们多练习，帮助他们解决学习上的困难，从而提高他们的学习兴趣，以达到共同提高的目的。而对乙组同学则是介于甲、丙之间的方式，带教为主，让他们逐步掌握自主学习的方法。

（四）布置不同层次的课后反馈

教师讲完一个概念、一节内容之后，学生要通过做练习来巩固和提高。因此课后布置多层次习题是多层次教学不可缺少的环节。课后作业如果一刀切，往往使甲组学生吃不饱，而丙组学生吃不消。为此，根据不同层次学生的学习能力，布置不同层次的课后作业，一般分为必做题和选做题1、2，必做题是每位学生都应完成的基础题；选做题1要求甲组学生和乙组学生完成,选做题2由甲组学生完成。提倡丙组、乙组的学生积极参与下一题组题目的思考,对于积极参与的学生在平时的评价中给予加分。由于数学的作业量、难易程度与学生的承受能力相关联,所以教师要精心安排课后作业,一般学生在30—40分钟内完成,目的是使每个学生的思维都处于"跳一跳就能摘到桃子"的境地,从而充分调动每个学生的学习积极性。

（五）拟定不同层次的单元评价检测

每一章节上完后,均安排一次过关测试,它以课本习题为主,着重基础概念和基本技能,根据甲、乙、丙三个层次学生的实际水平,拟定出不同层次的单元测试题,也可使用同一份试卷,提出不同的要求。如可在每道题的前面标上星级符号:一二星为所有同学必答题(丙组学生完成的二星题分值乘以1.2),三星题根据学生组别核分时乘以相应系数(甲组系数为1,乙组系数为1.2,丙组系数为1.5)。就是在大考中,也可提出不同的目标,如上次考50分,这次考60分就算达标了。在每次大考之后,小组人员应做适当变动,如甲、乙组中成绩最差的两名学生分别降到乙、丙组,而乙、丙组中成绩最好的两名学生分别升到甲、乙组。这样一来,基础差的学生感到自己有奔头,基础好的学生丝毫不敢放松。教师平时还应抽出业余时间,给没有过关的丙组学生补课,给甲组学生增加竞赛讲座。这样使成绩好的学生能充分发展,成绩差的学生也能奋发向上,形成一种你追我赶的学习气氛。

（六）充分发挥同学间互助,促进全体学生的共同提高

充分发挥甲组学生在教学中的作用,帮助乙组、丙组学生理解概念、提高分析、运算、思维能力,以达到减少差生,扩大优生,带动中间力量的目的。具体做法是:

第一,让甲组学生自编练习题,学生在编题之前教师要事先声明,着眼于自认为重点和平时容易出现错误的方面,教师从甲组学生编排的练习题中可以了解到学生的学习水平,并且还能发现学生掌握知识不全面的地方。教师再把自编练习题整理归纳,去粗取精,并返还学生进行练习,这是巧妙地借助了甲组学生的智慧和积极能动性服务于全班同学,既提高了甲组学生的学习兴趣,又使乙、丙两组学生受益匪浅。

第二,让甲组学生当小老师,就有的问题分析过程,让甲组学生走上讲台,扮演一个片段的老师角色,这样做既满足了初中学生喜欢参与及表现自我的心理,又充分发挥了甲组学生在学习上的主体作用,调动了学生的学习主动性和积极性,使主讲的学

生讲得格外卖力，其他学生在羡慕之余激起了好胜心理，集中注意力仔细听讲，主讲者稍有差错，就直言不讳地指出来，一旦主讲者讲到精彩之处，则由衷地发出赞叹声。这样既活跃了课堂气氛，又极大地提高了学生的学习动力和分析问题的逻辑思维能力，对每个学生都大有益处。

第三，让甲组学生帮带丙组学生，在课余时间，让一名甲组学生帮带一名丙组学生，这样既有利于同学之间的团结，又提高了甲组学生的思维能力和表达能力，使丙组学生奋发向上进步较快，真正做到不同层次的共同提高。课堂教学中对学生实行分层教学的方法，取得了初步的效果，使得不同层次的学生在各方面的能力有所提高，班级整体水平也有了显著提高。

通过层中分层的教学，学生的学习目的性更明确，自觉性更强，学习兴趣更浓厚，达到了缩小两极分化，大面积提高教学质量的目的。

　　现在,我们教育中所引起的改变是重心的转移。这是一种变革,这是一种革命,这是和哥白尼把天文学的中心从地球转到太阳一样的那种革命。这里儿童变成了太阳,而教育的一切措施则须围绕着它转动。儿童是中心,教育的措施便围绕他而组织起来。

——杜威

教室作为教学的主阵地，是最为重要的学习环境之一。然而，由于传统教室教学设备配置简单及功能的局限性，很难充分发挥学生的主体地位，难以满足改变学习方式及创新人才培养的需求。这就需要我们研究和建构适合于未来社会人才培养的教学环境。网络、多媒体、人工智能、虚拟现实等技术的快速发展并应用于课堂教学，为教学和学习生态的变革带来了全新的机遇。我校在课程校本化实施过程中，不断探索"信息技术"与"课程教学"深度融合机制，通过装备先进的信息技术软硬件设备、丰富学习资源及多样、方便的工具支持，力图为学生营造出适合个体需求的智慧学习环境，并重新定义和拓展教师角色，推进个性化学习由理想变为现实的进程。同时，我们还不断探索小组合作学习的方式，整合学生的科学世界和生活世界，让学习走向生活。通过创造"魔法教室"，为学生提供丰富的学习资源，支持智慧型个性化学习，实现多样化的学习方式，激发学生的学习动机与创新、探究精神，满足学生的个性化发展需求。

第一节　支持个性化学习的实现

follow ⇒

因受体制、资源及技术等主、客观条件所限，在传统的模式化教学中要顾及每个学生的个体差异，满足其个性需求，实为一种奢望。信息技术的飞速发展为课堂教学改革带来了全新的机遇，为实现学生的个性化学习提供了有效的平台和更多的可能性。我校顺应快速发展的数字时代潮流，积极探索"信息技术"与"课程教学"深度融合的机制,充分利用网络信息技术为学生营造适合个体需求的学习环境,改变"教条化、模式化、单一化、静态化"的传统教学模式,支持学生开展个性化学习。

一、新媒体技术与学习空间设计

学习空间的设计在一定程度上决定了学习活动发生的形态。比如传统的教室布局基本上决定了授课方式为教师讲与学生听,学生处于被动的接受状态。而在空间设计较为灵活的教室中,学生之间可以进行小组学习并与教师开展互动交流。

目前学习空间设计的主要目标之一是让过去被动学习者转化为主动积极的课堂学习者。主动的学习环境是指在该环境下,通过开展一系列经过精心设计的学习活动,提高学生学习的主动性,从而促进学生的创造力、批判性思维能力与综合素养的发展与提升。一般来说,积极主动的学习环境有以下几个特点:先进的技术设备;灵活的、可移动的桌椅;师生之间有效、及时的交流以及舒适与安全的教学环境。为提高学生在积极主动的学习环境中的学习效益,教师可以运用积极的学习策略促进学生的主动学习。

智慧学习空间的设计正是利用信息技术的强大功能与特性服务于教学目标、支持教学内容的呈现,从而解决各种各样的实践性问题。其具体的设计特性要素如下:(1)开放性:信息资源丰富,传递快捷、不受限制;(2)互动性:人机交互,合作学习,信息交流与学习效率高;(3)自主性:促进自主学习和独立探究的能力;(4)直观性:图、文、音并茂,生动、便于观察,积极调动形象思维向发散思维的转化。

信息技术辅助教学的内容和表现方式,具有新颖性、多样化和趣味性等特点,信息资源丰富,知识储量大有利于情景的创设;能够提高学生对知识的主动性、创造性和积极性;有利于单独辅导,对待不同的学生进行教学。在整个教学过程中不再是以教师为主导,不再是提供信息填鸭式教学,不再是"复习旧知识——讲新课——巩固练习——检验知识掌握情况"等陈旧的教学模式。而是培养学生自身获得知识的能力,指导学生的探索活动,让学生主动思考、主动发现问题,并找到解决的办法,这样才能加深印象,开发学生的智力,挖掘学生的获得知识的潜能。信息技术在教学中的体现形式是图片、图像、文字等,最具直观性和形象性。

充分利用信息技术打造的智慧学习环境,为每一个学生的发展提供更加开放、便捷、自主、有效的学习空间，真正体现"以学生为本"，改变传统课堂教条、呆板、枯燥、静态的状况，改变教学模式的固态，改变内容呈现的单一、互动交流的缺失、设备操作的繁琐、教学资源的贫乏以及课堂管理的无序性，使课堂真正充满"灵性、人性和活性"。

二、"魔法教室"的诞生

2014年9月，江宁学校的魔法教室"智慧湾"建成并投入使用，这是一个功能设计与传统教室迥然不同的学习新空间。通过搭建先进的信息化软硬件教学设备和新型桌椅，创建一个"开放自由、随处可发生、灵活且多用途的高度适应性学习环境"，实现讲授型、合作式、探究式、基于问题解决等多样化教学模式，培养学生的创新精神与实践能力，让每个学生都找到适合自己的学习方式。

这也是一个开放式的学习环境，学生不再被局限在传统的教室内，而是在一个相对较大的学习空间里，传统摆放整齐的课桌则变成了一些可任意组合的多功能性的桌椅，黑板被各种先进的多媒体设备所替代，数台计算机整齐地摆在教室一隅。根据教师的教学需求或学生的学习方式，可将室内教学设备进行任意的组合摆放，使得集体授课、小组围坐讨论、资源检索、空中课堂、小剧场等多种学习方式在同一个空间即可实现。"魔法教室"中的教学适用于所有学科课程，教师根据学科特征、学习者能力培养需求的不同选择相应的教学模式。

（一）桌椅组合、形式多变

"魔法教室"中的课堂突出了对学生的关注，提供适合个体需要，符合人体工程学的桌椅设施，能根据个体的差异调节桌椅，达到一个学生比较合适的状态。传统课堂中的静态的、一体的课桌椅不能够满足课堂中形式多样的合作、交流、分享，而"魔法教室"中的课桌椅是灵活的、易于移动和组合的（设计成六边形、三角形），可以根据不同教学形式的需要，拼接和组成适度规模的学习小组。

（二）多屏显示，方便合作

为了能够提高学习者的信息认知及促进学习者之间的社会化学习，"魔法教室"配备了多屏显示的学习空间。设置多屏的目的是为了支持教师利用多交互显示屏进行教学信息展示，并为每一个小组学习时提供一个进行合作、交流、展示的公用展示屏。

其中教师在进行情境创设或集中讲解时,可以利用教室前端或一侧墙壁上的交互显示屏作为教学展示屏。在小组合作探究学习时,一侧墙壁上的两块展示屏可以供两个小组分别使用。教室中的光触控投影既可以用于创设情境,又可以作为学生游戏学习和角色扮演的投射场景,还可以作为视频会议接入屏使用。

（三）寓教于乐,活跃气氛

如此一间多功能的"魔法教室",促进课堂形式的多样化是必然的。教师可以充分利用音频、视频、图像、文字等多种形式,满足学生的视听等感官的需求,真正做到"寓教于乐"。

（四）智能控制,以人为本

"魔法教室"是一个人性化的学习空间,大量的设备、技术应用必然会给教学者和学习者的使用带来一定的困难,"魔法教室"不仅能够对这些设备实现智能控制,让这些设备技术能够为教学过程提供便利和支持,还能借助环境智能控制系统实现对课堂内光、声、温等的智能控制,给学习者创设最为合适的学习环境,体现以人为本的设计理念。

（五）实时互动,即时反馈

互动式电子白板和触摸式电子黑板与移动学习终端(平板电脑等)的应用相结合,产生了课堂交互式教学系统,有助于实现真正意义上的"互动课堂",学生和教师可进行及时的沟通,通过思维可视化、即时反馈、学习过程记录、网上答疑、作业批改等"交互式"活动,教师可以对学生的学习过程和成果及时进行强化和反馈,进行有效的监控和评估。教师依据对学生的个性化分析,把握学生的个体差异,帮助学生充分了解自身特点并选择最佳的学习方法和学习策略,并针对学生在个性化学习过程中遇到的困难,为其量身定制相应的指导方案来引导学生的个性化学习。

由此可以看出,在这样一间"魔法教室"中,教师们可以通过多媒体将抽象的内容表现得更形象直观,不仅能够加深学生对学习内容的印象,同时也能激发学生的学习兴趣。在教学过程中,多媒体的使用可以达到事半功倍的效果。同时,合理运用魔法教室中的多媒体,可以突出教学中的重点难点内容,让学生加深理解和记忆,更好地掌握所学习的知识与技能。不仅如此,教师也可以充分利用音频、视频、图像、文字等多种形式,满足学生的视听等感官的需求,真正做到"寓教于乐"。

三、"魔法教室"的奇迹

与传统的教学方式相比，"魔法教室"应用于教学，弥补了传统教室的众多不足，转变了学生的学习方式，改变了传统的知识存储、传播和提取方式，引起了教育新的变革。在与学科教学整合的过程中，以学科知识为教育教学应用的载体，把信息技术作为工具和手段渗透到学科的教学中去，主动创设和营造信息技术和课程内容相互融合的教学活动与学习活动。其数字化、智能化、网络化和多媒体化等特性给现代教学带来了生机和活力，其在教学中的应用与传统的教育技术相比，有着更强大的优势和显著的功能特点，产生了神奇的魔法效应。

（一）"魔法教室"中的新武器

1. 学习终端

在"魔法教室"中，每个学生都有一个学习终端，每组都有一个可手写操作的电子屏，学生可以根据自己的需要选择不同的显示终端进行操作学习，教师也可将自己手中的教学内容直接推送到学生终端，所以无需再集中到一个显示终端上。"魔法教室"更强调师生之间的互动，教师也能从传统的教室讲台上走到学生中间，进行教学互动，更多地采用了小组合作探究的方式，探索化学习等方式，而这些均需要物理空间布局的改革。"魔法教室"在物理空间形式上并没有严格意义的形状需求，可以根据每堂课的特点以及需求编排座椅形状。

例如，在执教《折线统计图的画法》一课中，因教学内容的需要，教师将"魔法教室"的空间分割成了一个集中交流区和六个独立学习区，最大的空间区域用于集体性反馈和教师总结，座椅采取了行列式排列。六个独立学习区，将桌子拼搭成了四边形，每组配备有一块可操作的电子白板，是每组成员探讨和操作的空间。在"魔法教室"中自由的座位编排模式，既有利于教学活动的实施，同时也考虑到与座位编排相匹配的教学环境设计，从客观实际出发，扬长避短，灵活选择，实现了课堂教学的最优化。

2. 多屏显示

"魔法教室"是个多屏学习的空间，在课堂中设置多屏是为了让学生能更直观地展示小组交流成果，并有利于教师的点评与比较。在我校的"魔法教室"中配备了9

块电子屏,其中的4块电子屏显示教师的课件,其余的5块电子屏则与每组的电子白板相连接,可以实时将小组操作情况反馈在屏幕上,便于教师及时地指导学生。同时,多屏显示的设置也为课堂灵活的布局提供了可能,学生不再需要保持整齐划一的方向。

表6-1 传统教室与"魔法教室"的多媒体设备对比

多媒体设备	传统教室	魔法教室
	实物投影、触摸式电子屏	实物投影、学生触摸式电子屏、教师9格屏幕液晶屏、iPad、电子笔等

例如,在《折线统计图的画法》一课中,教师给出"A服装店销售统计表",请学生以小组为单位先讨论打算怎么画,再在每组的电子白板上动手操作。不过教师还带了一样法宝——有关折线统计图完整绘制的微视频,但是使用权在学生手上,组长可以先带领组员观看再画,同样也可以先画再看微视频检查。"魔法教室"中的5块电子屏能够及时将每组绘制的结果显示出来,在之后的授课中,便于组长的介绍以及组与组之间的比较。

3. 电子笔

这是"魔法教室"的重要道具。它不但能及时呈现解题过程,还具有统计数据的功能。电子笔,可以帮助教师有目的地选择某位需要关注的学生进行及时查阅,也可以在全体学生中选出需要进行重点讲评的各种答案,还可以将题目设计成选择的形式,随时了解每位学生的对错情况及各选项的总体人数比例,从而使反馈变得更细致、更到位、更有针对性。作为学生,他们通过大屏幕看看谁的书写更漂亮(板书与作业本上的书写对学生而言还是存在一定差异的),比比谁的答题速度更快些,更重要的是大大缩短了观察、比较、寻求不同解题思路的时间,这比以往课堂里采用教师通过巡视找到不同学生的解题方法,再请其板书到黑板或者通过实物投影一一演示这两种方法更显实效,进而使学生在复习巩固阶段依旧保持着极高的专注度和参与性。

表 6-2　传统课堂与"魔法课堂"中教与学的对比

内容	传统课堂	魔法教室
书写练习	学生练习，教师四处巡视	学生练习，教师在教师机上点出想查看的某位学生的练习情况进行查看
判断题、选择题	学生打手势表示自己的选项，教师目测筛选出不同答案	电子笔直接将学生所选答案进行汇总，教师从电脑上看出差异
一题多解	学生汇报后，教师将不同方案轮流呈现	学生答题时就可以通过教师机发现不同方案，学生汇报后，电脑屏幕可同时呈现多种方案

课堂上最愿意看到的是学生愿意学、主动学。一堂课上得好不好，关键之一就是要看学生参与课堂的主动性、积极性，增强学生的求知欲和自信心。学生学习更加刻苦，其探索欲、创造欲更加强烈，学习效果更佳。"魔法教室"中的课堂能更好地调动学生学习的主动性、积极性，真正使他们成为课堂的小主人。

4. 学习支持系统

"魔法教室"的主要活动更多的是小组合作探究、师生的交流互动，而这些活动的发生都是在一些技术的支持下发生的。要使得这些技术能够很好地与教学活动整合在一起，服务于课堂教学活动的进行，需要存在一个完善的学习支持系统，而如今的学习系统多种多样，例如电子书包、101 多媒体教室等。

正因为学习系统的支持，才得以将一节课的教学容量扩大，在执教《折线统计图的画法》时，节省了传统课堂中大量的板书和检测练习的时间，保持了学生在学习中思维的连贯性，把节省的时间用于学生学习新知识、巩固新知识，完成巩固性、检测性练习。例如，课中的这一环节：

师：横轴如何确定更合理呢？赵老师想考考你们，愿意接受挑战的同学坐端正。哪一幅图更合理呢？选择完后，点击提交。

四年级年级组患近视眼人数变化情况				
年份	2008 年	2009 年	2012 年	2013 年
人数(人)	8	16	28	45

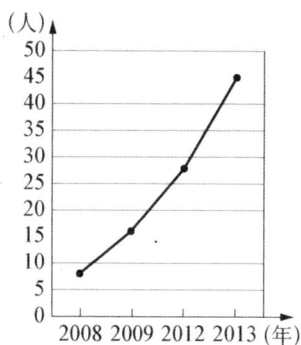

近视眼人数变化情况

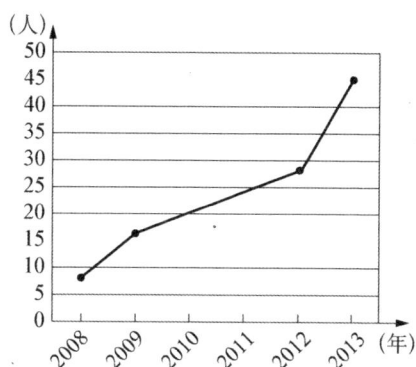

近视眼人数变化情况

此处运用多媒体,教师能快速地了解学生的选择情况,若有 100% 的正确率,只需要总结"横轴上跳过 2010 年和 2011 年,就不能正确地表示近视人数的变化趋势了",便可进入下一题,若有极少数人选错,可以有针对性地讲解。

相较于以往普通的课堂,先让学生练,全部完成后再核对答案,由于学生自身水平不一,完成习题的快慢也不同,作为教师也无法顾及所有的学生,导致课堂的进度有些许拖拉。而利用"魔法教室"中的学习支持系统,教师可以直接从平板上快速了解到每位学生完成的进度与情况,能及时掌握哪些学生在这题上遇到问题,有利于教师当堂检查学生掌握课堂知识的情况,从而预留出更多的时间学习新知,巩固练习,使学生在一节课的时间里真正学到更多的知识,起到事半功倍的效果。

(二)"魔法教室"改变学习

在"魔法教室"中已不再是教师一味的说教,学生一味的听如此简单了,不光是教师的教学方法发生了改变,学生的学习方式也从根本上发生了变化。这样一间多媒体教室可以为课堂提供具有开放性的学习环境空间和资源,使课程内容具有多层次性,

165

能更好地为学生提供实现主导地位的条件以及培养学生的创新精神和信息整合的能力。这间"魔法教室"，在学习目标制定、学习内容选择、学习进度管理、学习评价方式以及学习结果记录等方面，都可以满足学生实施自主学习的习惯，把原来的"要我学"变成"我要学"。这也是创造"魔法教室"的理念所在。

1. 自主学习

基于学生的年龄特点和学习内容，课前教师按照学生的个性、特长合理进行分组，尽量使每个学习小组由擅长表达的，动手操作能力较强的，逻辑条理较清晰的，以及比较胆小不善于主动参与到学习过程中来的同学重新组合，便于他们相互交流，发挥小组学习的最大优势。而在探究过程中，则根据他们各自对问题的不同理解，再重新短暂重组，尊重每个学生的思维方式，让学生的主体作用发挥到最大。

在《折线统计图的画法》的授课过程中，为了使学生合理地画出折线统计图，并没有采用原先的课堂教学模式——教师操作，学生听，学生再模仿的方式，而是大胆地放手让学生自己讨论、类比、探索画图，但是也会给予学生适当的帮助，例如提供微视频，微视频的利用方式也由学生自己来选择，以此体现出从"要我学"到"我要学"的学习角度的变化。

在讲授"纵轴的不合理会影响折线统计图的变化趋势"这一内容时，运用到的学习支持系统——多媒体课件，能使折线统计图的变化趋势更加直观地展现在学生面前，能将眼观的表象知识快速地内化。最后习题的设计，相较于以往普通的课堂，教师可以直接从平板上快速了解每位孩子完成的进度与情况，能及时得到哪些孩子在做题上出现困难，有利于老师当堂检查学生掌握这节课知识的情况。由此，可以预留出更多的时间学习新知，巩固练习，使学生在一节课的时间里真正学到更多的知识，起到了事半功倍的效果。因此，"魔法教室"相较于传统的课堂，有更高的实效性。

2. 探究学习

《上海市中小学数学课程标准(试行稿)》提出："要为学生提供更多的机会和时间，让学生提问和质疑、尝试和探究、讨论和交流、归纳和总结等，促使学生的思维空间充分开放。"这就是希望教师不要将显而易见的问题呈现给学生，不要急于将卓有成效的解题方法灌输式地交付给学生，而是要允许学生在阐述得不那么清楚的情况下，通过自己努力发现问题,尝试用数学语言来阐述问题,并通过模仿与探究自己确定或发现解决问题的方法,最后将答案回到实际环境中去检验,进而达到培养学生具有数学化能力的目标。

本节课是在学生已掌握长方形、正方形、三角形、平行四边形和梯形的面积计算方法后,进而再探讨这五个基本图形面积计算公式之间有何内在联系的一堂复习整理课。而"能否试着从一个图形的面积计算方法出发,建立起这五个平面图形面积计算方法的网络图"是这节课要解决的一个重要问题。教师设计了"个体独立思考→统一想法组合学习小组→平板演绎思维过程→集体交流成果"这一探究过程,在整个学习过程中,还可使有关课程的问题尽可能多地当场暴露,在讨论中可以加深对正确理论的理解,还可以不断发现新问题,解答新问题,使学习过程缩短,印象更加深刻。在整个探究过程中,学生们的几何画板能力,归纳总结、综合理解的能力,逻辑推理、口头表达的能力,主导学习、终身学习的能力等都不同程度地得到了锻炼(如表 6-3 所示)。

表 6-3 传统课堂与"魔法课堂"中的学习方式的比较

探究:"能否试着从一个图形的面积计算方法出发,建立起这五个平面图形面积计算方法的网络图"

	传统课堂	魔法课堂
学生前期准备	每位学生准备好 5 个平面图形的纸片	学生基本已有几何画板的能力
个体独立思考	通过摆放图形,帮助自己思考	每个人在簿本上随手画出自己的思维导图
合作学习	就近原则,4 人一组,将自己的思维网络图摆放在垫板上,与同学交流	先交流,然后有相同思考方向的同学组合成学习小组,再在学生电子屏上画出思维网络图
教师辅导	四处巡视,给予帮助	通过教师机直接查看所有小组的探究进程,有针对性地给予帮助
集体交流成果	学生一一将垫板上的思维网络图拿至实物投影仪上,与大家交流	教师机可直接调取学生机上的思维图,一一呈现

	传统课堂	魔法课堂
优势	学生不需要有计算机绘图的基础；纸片易摆放移动，一个学习小组可能出现不同的思维方式，锻炼学生的合作能力	学生在计算机课上所学的几何画板本领得以实际运用；有相同思维方式的同学直接进入探究环节，节省争论时间；汇总交流时，教师机上可呈现所有探究成果；教师的及时辅导更具针对性
不足	纸片摆放容易飘落；交流成果只能一一替换，不能同时呈现；教师需要不停地在教室里四处走动	需要教师将个别无法找到自己思维方法的同学安排到学习小组内
注意点	学生在交流不同思维方式时，教师需要给予充分的讨论时间	教学中不可频繁使用"先统一思维方式，再组合学习小组"的合作形式

3. 和谐的生生互动

陶行知先生一直倡导"同龄儿童做小先生"的教育行为，因为孩子们最易听懂、最易接受的是自己小伙伴所表达的意思。因此，我们在学习过程中倡导的小组探究学习，不仅仅是一种学习形式，也是一种交往能力的培养。

本节课中由于"从一个图形的面积计算方法出发，建立起这五个平面图形面积计算方法的网络图"的答案不是唯一的，教师就采取让学生找与自己有相同猜想的伙伴重新组成学习小组。有了相同想法、爱好的学习伙伴，学生们更好地进行探究和交流，在一个和谐的学习氛围中，学生们更乐于发表自己的观点，接受他人的建议和帮助。伙伴们的互相勉励，循序渐进的学习让学生领悟了与他人合作的技巧，并逐步养成与人合作的能力以及相关的行为规范。

（三）"魔法教室"助推教师成长

教师自身的素质和教学技巧对提高课堂实效起着至关重要的决定。如今的教师不但要对本专业、本课程内容熟练掌握，还应当扎实掌握相关学科知识，并要具备提出问题和解决问题的能力、灵活运用知识的能力、严密的逻辑思维能力和良好的组织管理能力，要善于发挥调动学生积极性、寓教于乐、控制课堂节奏等技巧。同时，教师还要能注意及时跟踪反馈，关注学生的学习状况。

1. 转变陈旧的信息技术观念

目前中小学在新课程标准的实施下,信息技术与课程整合的观念能够被广大教师所接受。在各类评课活动中,也把教师"是否用多媒体"的评价要求转变为"多媒体用得是否合理"。如今的教师们不能再一味把在课堂开始阶段就用课件放出与本课学习内容相关的音视频材料叫做"情境创设"了;不能再把"老师放课件、学生看课件"的学习过程诠释为信息技术与课堂教学整合了。我们应该根据教学内容和要求,根据不同学科的特点,合理优化组合图文、音频、动画等特殊效果,及时有效地控制教学过程的信息传递,使教学张弛有序、动静协调。

例如:在《平面图形的复习与整理》的教学过程中,教师安排学生自己动手在电子屏上演绎自己的思维过程。课堂中信息技术的运用不一定全由教师一手包办,对现如今这些将 iPad 玩得出神入化的孩子们来说,"智慧湾"的触摸屏,学生们操作起来驾轻就熟。与传统课堂中学生通过看教师演示课件或自己剪图形纸片相比较,学生的学习积极性和课堂参与度大大提升,整个人的认知和情感都主动地投入到学习活动之中。

2. 掌握必要的信息技术知识

信息技术,在信息时代更新极快,也对教师提出了更高的要求。教师们应多参加各级各类信息技术的培训,及时更新信息技术知识。对自己经常使用的多媒体能正确、规范地使用,课堂中如果多媒体出现故障,教师应能对设备以及教学过程做出及时、合理的应变。

又如,在《平面图形的复习与整理》一课中,在各学习小组探究、汇报这一环节,由于"从一个图形的面积计算方法出发,建立起这五个平面图形面积计算方法的网络图"的答案不是唯一的,不同的学生可以对同一个问题形成不同的假设和推论,因此在学生分组讨论时,教师启用了"媒体监控模式",及时从人屏幕关注每个学习小组思考过程的小屏幕,发现有困难的小组,教师就必须立即上前进行个别辅导。在授课之前,教师应利用空余时间去学习如何规范合理地使用"媒体监控模式"。它包括教师电脑台式机与教师大屏幕的链接;教师大屏幕中一个界面与多个界面的切换;教师大屏幕与4 个学生屏幕的链接与切换。对这些技术,教师必须在课前就做到"秒回"切换,才能保证整个教学过程如行云流水般地顺畅。

　　还有，在学生汇报交流后，教师将自己事先估计到学生不太会选择的一个网络图，以 Flash 的形式加以呈现，以拓宽学生的思路，提升学生的学力。作为一名数学教师，应该对 PPT、Flash 这些信息技术有所了解，这对在小学数学学习阶段对几何知识的教学会起到很大的帮助，能有效辅助解决教学的重点与难点。

　　3. 平等的师生关系

　　亲其师，信其道，教师的知识素养、言行举止都会对学生产生潜移默化的影响。课堂中，教师鼓励学生对书本的质疑和对自己的超越，鼓励学生在开放的气氛中敞开交流，采用同桌讨论、小组合作学习等多种方式，这些都是创设一个平等、民主的课堂气氛不可缺少的组成部分。我们常说，教师应该经常弯下身子，倾听学生的想法，那么在课堂有限的授课时间内，教师如何做到有效倾听呢？"魔法教室"里的"媒体监控设备"就为教师走下讲台、融入学生提供了更强大的技术支持。在执教《平面图形的复习与整理》一课中，当学生分组在各自的显示屏幕中构建平面图形的网络图时，媒体监控就能让教师及时观察到每一个学习小组的探究过程。学习探究能顺利开展的小组，教师就放手让学生自由发挥，尊重学生的自主精神；当发现有探究停滞不前、出现困惑的小组时，教师可以即时过去给予引导帮助。课堂中，教师这种有选择性的辅导比传统课堂模式中巡视发现问题后进行辅导来得更为即时，能给予学生更广阔的思维空间和时间。

第二节　找到适合自己的学习方式

一、微视频的运用

　　随着信息技术的发展，在教育领域中，微视频教学以主题突出、目标明确、情景真实、短小精悍等特征迅速发展起来，它高效、便捷的学习方式对教学模式和学习形态产生了一定的影响，带动了教育领域一场教学和学习的革命。有鉴于此，基于网络环境下的"微视频"教学实践就应运而生。

（一）微视频教学的价值与意义

我们认为微视频教学对课堂教学产生了积极的意义。

其一，利用微视频学习能使学习者有更积极的反应。一般微视频教学能把教材中所蕴含的知识点，以动态的方式进行呈现，以独立学习和小组学习为主要形式。这就区别于传统课堂组织形式，能使学习场发生变化，从而学习者有更多的参与与体验，使学习者始终处于一种积极学习的状态。同时，就微视频制作的本身而言，知识点的认知过程被划分成一个逐渐增加难度的、有次序的序列，一步一步地呈现给学生，无形中降低了难度，使学生容易感受到成功并自我强化，建立起学习的信心。

其二，针对1对1的练习反馈更有利于学习者的后续学习。在微视频教学中，学习者自主学习后都会有针对知识点的简单检测，并能提供对结果的评价或分析。一方面，这些练习检测区别于传统教学，能做到1对1的即时反馈，能让学生在学习行为之后立刻知道行为的结果评价，从而保持行为，保持信心；另一方面，在获知学习反馈后，学生能做到自行决定学习的速度，如可重复学习，也可跟进学习，这样就可以给每个学生个体以适合的学习经历，这样的学习更容易获得成功。

其三，大数据的后台统计能帮助教师合理调整教学环节。运用微视频学习后，后台会形成相应的学习过程及学习效果的数据统计。这些数据能及时帮助教师掌握前期学习者的学习程度、学习难点，以及学习者个体与群体的差异，为确定后续环节的学习起点提供有效的数据支撑。

经过一段时间的理论研究和课堂实践，基于"微视频"运用的灵活性和有效性，我们认识到数学课堂教学中合理运用"微视频"，能充分有效地利用"时间碎片"将更多的时间用于深入自主或互动的学习；更为重要的是，它有力地改变过去传输式、被动式的教学结构，在尊重差异的前提下，着重于促进学生个性化学习——让好学生"吃饱、吃好"，让后进生"吃到"并在良好的学习氛围中尝试能"吃好"——进而通过创设适应学生学习差异的学习环境，整体提升学生学习效率。

（二）微视频教学的操作要点

1. 软硬件支撑

实施基于网络环境下的数学课堂"微视频"教学，必须具备硬件与软件两方面的要求。硬件方面既需要配备基于无线网络环境的数字化教室及可移动自媒体交互设备，又需要有能适应学生集中学习、交互学习、小组合作自主探究的个性化教室。如我校的智慧学习教室，无线网络全覆盖，互动式分屏若干，平板电脑若干，可自由搭配组合的独立学习探究空间等等。软件方面，既有支持教学的备课系统、交互系统和学习分析系统，也有精通信息技术的教师以及教研组研讨制作的"微视频"。

制作微视频要注意无知识性错误，这是微视频录制的底线性要求。知识性错误包括讲解错误及不规范或者是书写错误及不规范。视频学习需要学生观看，只有界面简洁、与学生的年龄特点和心理特点相符合的微视频，才更有利于学生学习。微视频学习只是变革课堂教学模式的一个组成部分，它并非教学过程的全部。制作者要抓住"知识点"这一最基础的部分，而不要试图解决学生学习的全部问题。因此，既要避免内容过多、节奏过快的问题，又要强调教师语言亲和、和蔼，是一对一辅导或者指导的风格。

2. 知识点明确，指导而非教导

制作微视频时，尽可能细化各知识点，短小精悍，讲解清楚，让学生循序渐进地掌握每个知识点。教师在微视频中讲解学习内容时，其身份是"学生身边的指导者"，语言要生动、有亲和力。

3. 做到积极反应、即时反馈

在学习微视频的过程中或一个微视频学完之后，要让学生完成与该知识点相关的进阶作业，监测和矫正学生的学习情况，让学生处于挑战自我的积极学习状态。

4. 能关注整体，适当留有余地

要考虑学科特点，一方面，教师要给学生的思考留有余地；另一方面，教师要给自己在课堂讨论上留有余地。同时，必须指出的是不仅要关注学生知识的掌握，还必须关注学生身心发展可能受到的其他影响。

（三）微视频教学的"3＋2"模式

通过实践，为了凸现重视差异，以学定教，我们初步摸索了三种模式、两种身份的微视频教学"3＋2"模式的运作要点。

1. 三种模式

基于网络环境下的数学课堂"微视频"教学有"课前、课中、课后"三种不同模式，效果不一，能灵活解决基于差异的个性化学习。

其一,可在课前使用,做到知识点讲解的前置。课前使用微视频作为知识点预习,并配套完成若干基于知识点的检测题,通过学习分析系统反馈给教师;旨在初步了解预习效果并为教师确定教学起点提供依据,利用知识点讲解的前置,能将课堂学习时间充分留给学生答疑解惑、应用创新。

例如,教师利用微视频执教沪教版小学数学三年级第一学期《单价数量总价》,将微视频进行了前置,期望能利用学习分析系统,精确确定教学起点,将课堂学习时间充分留给学生答疑解惑、应用创新。

教师在执教完该课后由衷感叹:借助课前微视频,延伸数学课堂的宽度。

在执教《单价数量总价》一课中,课前我们精心制作了微视频,在对教材进行认真研读后,认为单价、数量、总价的定义是学生比较熟悉的,只不过学生仅仅停留在经验范畴,因此我们把这些内容放进微视频中,要求学生在课前观看微视频,自主预习和学习本课的这一部分知识点。

课前微视频的学习,也有利于学生根据自己的经验先期学习。学生在利用视频学习的过程中,可以根据自己的实际情况,选择视频播放的进度,容易的、会的内容可以选择快进,没学会的,可以重复播放。这种形式在传统课堂教学中是不能实现的。

通过前测发现学生们掌握得相当好,这样备课时,本节课的教学起点就建立在这一基础上,课堂上直接进入本节课的一个重点"一个量是单价还是总价的判断"。将剩余时间用来联系大量的生活实际,大大提高了数学课堂的广度,使学生能在课堂上接触更多的数学知识。

······

其二,可在课中使用,既做到教学公平,又能凸现个性化的小组学习。首先,课中使用微视频,可以作为个别化学习小组的辅助工具,让不同能力阶段的学生在学习中有不同收获,如能力强的学生可以先借助经验解决问题,再利用微视频的讲解来验证自己的学习结果;能力较弱的学生可以自行先学习微视频中的内容,在此基础上模仿学习；也可以组内一起先行探究，发生举棋不定或有争议时再学习微视频中的内容；这样的设置让不同阶段的学生在能力上有不同的收获。同时，微视频的内容制作是集体的智慧，因此选取的必定是校内或者区域内，在这个知识点讲解中公认为最合理、最巧妙的方式，这样一来每个学生都在聆听最好的教师授课，也部分解决了因教师个人讲解不清造成学生学习障碍的问题，做到教学公平。例如，沪教版小学数学四年级第二学期《折线统计图的画法》，这堂课采用的是基于网络环境下的数学课堂"微视频"教学中"课中"运用的模式，期望能灵活解决基于差异的个性化学习。执教片断如下：

师：赵老师还带来了一些信息，你们看，是一张 A 服装店的销售统计表，想不想把它变成一张折线统计图呢？我们就来试试。

A 服装店销量统计表

月份	1	2	3	4
数量（万件）	6	6	3	10

听清楚要求：

小组合作，先讨论你们打算怎么画，再动手操作，不过赵老师还带来了一样法宝，是有关折线统计图完整绘制的微视频，但是使用权在你们手上，组长可以先带领你的组员观看再画，同样也可以先画再看微视频检查，也可以边画边讨论，遇到困难时再一起观看，明白了吗？学生小组合作在交互屏上制作。

......

此处教师运用了一段简短的微视频，这段视频并没有组织全班一起观看，而是将它推送到每个小组的平板电脑上，并提出要求：每组讨论的时候，结合自己组员的实际情况，适时地观看。一石激起千层浪，智慧教室里，在不同的学习区域，各个小组投入地进行着小组合作探究,有的小组在组长的组织下激烈地讨论着,有的小组正安静地观看着微视频,有的边看边对比着……

从教学效果来看,微视频在课堂教学中的灵活运用更好地调动了学生学习的主动性、积极性,且让不同的学生在探究过程中有了更多的实践、创新的空间,在紧接着的集中交流讨论中,学生各抒己见,且学生讨论焦点始终围绕如何合理制作折线统计图的要点上,完全摆脱了常规教学中教师有意引导的束缚,取得了意想不到的效果。

其三,可在课后使用,能为家校互动及后进生提供个别化学习的可能。作为一个个独立的微视频,教师可将微视频上传至指定地方,供学习困难学生在家进行复习,也可用作个别家长在家辅导学生时的学习材料,满足了1对1个别化教学的需求。

2. 两种身份

在基于网络环境下的数学课堂"微视频"教学中,教师及学生的学习共同体的特质更加明显。

二期课改以来,课堂教学中教师的身份大多是引导者,在预设中引导学生探究学习,而学生的身份更多的是学习者,在教师的引导下感受知识发生发展的过程。而在微视频教学中,教师及学生都身兼双重身份。教师既是引导者也是学习参与者,因为教学活动更多的是师生间的质疑解惑,猜测论证,这个过程必定会超越教师的教学预设,那教学活动必定是师生共同学习探究。同时,学生的学习主体性大大加强,除了学习者的身份,更大程度上会成为学习活动的创造者,因为课堂的空间、时间影响着思考的深度和广度,必然会催生思维的火花。

因此,我们要充分认识到这一点,身份的变化看似表象,实质是课堂教学的根本性变化,也真正体现了基于差异的教学变革。

(四)微视频教学的注意点

根据学生的年龄特征,有时不能一味追求个别化、个性化学习。对于初、高中生而言,他们有一定的语言基础、信息搜集与知识提炼的能力,能够根据自己的认知水平选择适应自身能力所学的知识内容,因此教师完全可以放手让学生自主地在网络上、书本上搜集相关的学习材料,扩充知识,充实自己。然而对于自主学习能力相对较弱的低年龄层次的学生而言,完全自主的信息搜集和知识提炼难度较大,因此仍需要教师根据具体的教学内容,提炼出一定范围的有效知识材料,供学生小范围地提炼有效知识内容进行自主学习探究,这样能更有效地达到学习目的。违背学习能力,一味地追求统一标准的"自主学习"模式反而会适得其反。

在基于网络环境下的数学课堂"微视频"教学中,因知识点的不同,使用的方式不一,有课前、有课中、有课后,我们不能人为地将之割裂成几块,不能认为课前仅仅是预习,预习完后还是按部就班进行教学,这样的变革没有任何意义。

二、"翻转课堂"的魅力

"翻转课堂"是让学生在课前先自主学习教师录制的微视频、完成相应的学习任务,有不懂的地方可以利用通信工具或者面对面地与同学进行交流讨论,实在解决不了的问题就向教师求助,然后再回到课堂中进行师生和生生间面对面的分享、交流学习成果和心得的教学形式,即课前学习、课中交流巩固。翻转课堂中学生必须在课前认真地进行自主学习,课堂上教师不再是知识的教授,更多的是引导学生提出问题和解决问题,这种学习模式对于培养学生的自主学习、合作学习、探究学习的能力非常有效。生命科学"翻转课堂"教学模式就是通过改变学生的学习方式来提高学习的有效性。

在《基因与遗传规律》这一节"翻转课堂"的实施过程中,应用了很多信息技术。如果没有录屏、视频编辑软件,教师就无法向学生提供课前微视频,没有学习平台或者交流工具,教师和学生之间就无法快捷方便地进行课前交流和讨论,这些都体现出信息技术在课堂中的重要作用。信息技术的种类和数量很多,如果选择不适合的技术工具,课堂效果会适得其反。因此,实施翻转课堂要融入信息技术,而信息技术的使用要根据翻转课堂中不同环节的特点和需要来进行选择。

(一)"翻转课堂"操作要点

"翻转课堂"将课堂讲授的知识传播数字化,便于学生在家预习自学,教师也从知识的"搬运工"转变为学习的"辅导员",引导学生进行思考,掌握一个知识后,再往下学,这需要教师掌握新的教学技能,打造轻松的高效课堂。同时,教学设计必须体现新学习方式的主要特征:主动、探究、合作。

1. 设计微课程

本节课是八年级《生命科学》第一册第二章"人体生命活动的调节"第三节"基因与

人体性状"中关于基因与染色体相关内容的第三课时,属于 A 级水平。但是本节课的教学内容与教材前面所学内容没有直接关联,又比较抽象,所以是第三节的教学难点。学生在第三节的前面 2 个课时中,学习了染色体的结构,了解人体染色体数目,知道了染色体、DNA、基因的关系,有一定的知识基础,但是对于遗传规律这个难点,传统的教学方式是以教师讲解为主。现在利用 PBL 技术,可以将基因和遗传规律等相关需要教师讲解的知识点,制作成微视频,上传到邮箱,学生在课前可以下载自学,根据自己的实际情况,观看几遍,或者截取其中某一个片段反复学习。学习中遇到的问题可以通过同伴之间的相互讨论解决,对于无法解决的问题,可以进入课堂重点讨论。

"翻转课堂"让学生自己掌控学习,改变学习方式,不是传统意义上的预习。所以,教师须预先录制课堂所要讲授的内容,让学生把观看视频学习作为家庭作业的一部分,学生根据自身情况来安排和控制自己的学习进度,把学习中遇到的问题加以整理,便于课堂上与教师、同学交流讨论,也可以上传分享资源,甚至可以直接向教师和同学寻求帮助。教师在创建视频时要明确学生必须掌握的目标,要适应不同学生的学习方法和习惯。

这就体现了"主动"的特征。

2. 编写学习单

学习单的设计包含以下内容:介绍微课程资源,提出引发学生思维的问题,引导学习的基本问题,完善知识体系的框架性问题以及一些拓展性问题,还可以是配合教材的阅读材料和趣味性的活动。学习单的设计必须能实时反馈学生的信息,清晰呈现全体学生的学习状况,便于帮助教师为学生度身定制教学活动,让学生真正成为学习的主人。

这就体现了"探究"的特征。

3. 安排学习活动

"翻转课堂"要求课堂有高质量的学习活动,教师必须根据学习反馈实时调整教学,全面提升课堂互动效果。当学生在课外在线完成作业时,教师就能实时统计出学生在学习中的问题,课堂的主要时间就能留给学生进行有针对性的研讨练习。教师可以成立一些有相同疑问的学习组,并适时介入学生的活动与交流,为协作小组举行小型讲座，对学生进行个别指导，关注学生间的互动及学习效果，包括学生创建的学习内容，独立思考的过程，探究交流的活动，以及基于学习内容的拓展学习等。

这就体现了"合作"的特征。

在课堂中，教师组织学生通过网络搜索、教师指导甚至是专家教师在线答疑等各种途径学习，帮助学生了解遗传规律，解决这个难点问题，提高学习的有效性。这些学习方法在传统教学中都会受到时间的限制，而现在还学生思考的时间和空间，感受多媒体技术给学习带来的乐趣，不仅掌握了知识，更重要的是掌握一种学习方法，提升生命科学素养。

（二）"翻转课堂"示例

1. 课前准备阶段

教师层面的课前准备关键是做好微视频。视频录制软件 Camtasia studio，性能非常稳定，自带视频编辑功能，教师制作好 PPT 以后可以一边播放，一边录音，在录制完视频之后，直接在该软件里进行剪辑加工，无需再安装视频编辑软件。微视频制作好以后，教师可以利用各种学习平台中的资源共享，比如：公共邮箱、云盘、QQ 群或者微信群等。

学生层面的课前准备主要是根据教师提供的下载地址将所有资源下载之后，根据要求进行学习。学生需要看视频、文档，就需要用到相关的电子设备，可以使用手机、平板等设备进行移动学习，利用网络与同学、老师进行网上交流、合作学习。利用 QQ 群既可以用文字来实现多人交流讨论，现在也推出了 QQ 群视频功能，大家可以利用它实现面对面交谈。

2. 课中实施阶段

学生在自主学习了微视频以后，自由提问，通过 QQ 群，教师收到了 116 个问题，去掉重复或无效的问题，还有 54 个，教师课前梳理以后，发现有 9 个问题与这节课的主题相关，亟待解决，同时，还有 6 个拓展问题，可以让一些有兴趣的、学有余力的学生在课外继续探究。

如何解决这 9 个问题是关键，教师经过几次磨课，根据不同问题的特征，寻找最合适的信息技术手段来帮助学生学习，见表 6-4。

表6-4　运用信息技术解决问题示例

需要解决的问题	信息技术手段的运用
关于基因的概念性问题 例如：显性基因与隐性基因	利用网络和多媒体设备,提供多种学习途径,让学生根据自己的喜好和能力选择适合自己的学习途径,这样大大提高学习的有效性。这节课,教师提供了现场指导、专家在线和资料搜集三种途径,开阔学生学习的思路
关于教学重难点问题 例如：遗传图解的书写	结合视频资料,结合多媒体教室里的分屏显示器,同步显示学生小组制作遗传图解的过程,这个多媒体技术可以实现传统教学达不到的效果,一方面,不同小组学生之间可以互相参考,另一方面,便捷的多媒体设备便于教师指导
知识点的反馈环节 例如：验证学生是否掌握显性和隐性	一方面是利用多媒体"电子笔",让学生在相应的工作纸上书写,整个过程可以同步上屏幕上,教师可以及时获得学生的掌握程度,并能及时指导。另一方面,在检验学生对重要知识点的掌握程度时,问题如何出现也是很关键的,第一节课出现的是2道选择题,学生的正确率很低,改变以后的方法是,"说说看"、"写一写",最后以生活中的实例呈现问题,让学生循序渐进地理解并运用学到的知识

3. 课后检测阶段

课后评测阶段,利用的是智慧教室的软件,教师课前制作的测试题打包分享到平台,学生利用自己的平板下载试题,课外完成再上传给教师。

(三)"翻转课堂"注意点

"翻转课堂"的教学实施离不开智慧教室。这是一种能够优化教学内容、便利学习资源获取、促进课堂交互开展,具有情境感知和环境管理功能的新型教室。智慧教室既能够从视觉、听觉等多角度呈现教学内容,还能够及时根据外界环境变化调节室内温度、灯光、声音,让学生在舒适的环境中参与学习。此外,高速安全的网络设置,有助于师生及时获取学习资源,并完成互交式合作学习。

在整个课堂中教师要把控好时间,整个课堂并不都是答疑解惑,还应该包括检测答疑之后学生的学习效果有没有提升。除了做电子版测试卷,还可以加入学生自评和互评环节。

对于操作类的环节,还可以引入虚拟实验平台让学生在其中进行操作验证,开发虚拟平台和虚拟软件对教师来说是一件难度比较大的事情，国外在这方面做得非常好。在以后的教学尝试中可以进一步研究。

翻转课堂在国外实施的成功，我们可以学习其精髓，将其用于课堂中。信息技术手段多种多样，只要符合实际使用情况就可以拿来使用，没有固定的模式和要求，经过一个阶段的探索和实践，翻转课堂一定能发挥更大的优势。翻转课堂增加了学生和教师之间的互动和个性化的接触时间，创设了让学生对自己学习负责的环境，营造了让所有学生都积极学习的氛围，建立了让所有学生都能得到个性化教育的课堂，它是知识信息化时代的必然产物，是未来课堂教学改革的必然趋势。

第三节　没有"旁观者"的教室

在一堂自然公开课上，学生们四人一组围坐在一起，认真听着老师声情并茂地讲课。老师说到一个科学现象后问："同学们，你们愿意试一试吗？""愿意！"学生们异口同声地回答。接下来"小组学习活动"开始了，只见每个小组由一位组长开始分配实验材料，安排分工；做实验时，小组中往往是由组长和个别学习好或者性格外向的学生控制整个实验过程；其他人则成为"旁观者"，看着别人做实验，有的想做却插不上手，有的则分心去看其他小组，有的甚至在玩耍或走神，课堂上场面看似热闹非凡，实际却乱作一团；当老师认为"合作学习"的时间够了，通过口令让热闹的教室安静下来，然后在"小组汇报"时，起来发言的也总是集中在组长或者个别优秀的学生身上，普通的学生往往没有发言的权利，或者他们也不知道该说些什么，在课堂中搭了"顺风车"的他们，一堂课学习后并没有太大的收获。

这样的现象在如今的自然课堂上并不少见，"合作学习"作为当今主流的学习形式被各个学科广泛采用，尤其是在自然学科中，专用教室中的桌椅都是按4—6人合作小组来安排的。然而，我们却常常看到流于形式的"假合作"充斥着自然课堂。"众人拾柴火焰高",我们要让班级中每一个学生都来捡拾柴火,在没有"旁观者"的自然课堂中烧起一把"熊熊烈火"!

一、五个手指握成拳头

每一个学生都有不同于他人的知识结构、思维方式,不同于他人的情感价值和审美情趣。在自然学科中,学生的差异主要体现在知识基础、动手能力、探究能力、表达能力、学习兴趣等方面。小学自然课程倡导"自主、探究、合作"的学习方式,合作学习的重要性日益突出。就好比十个指头伸出来长短不一,但能攥成一个拳头且更有力量! 小组合作学习就是在尊重学生差异的基础上,将他们合成"一个拳头",共同解决一个个有趣的科学问题,所以说团队的智慧是无穷的!

在适当的外部环境下,团队的智力能力会非常显著,通常比团队里最聪明的人还要更胜一筹。大量研究表明,相对于独立学习的学生而言,那些参加合作学习的学生在学习和转述能力上表现出了更高的水平;小组合作学习最终还增强了学生的自信心,改进了学生之间的关系,同时还提升了他们的社交技巧和教育能力。研究还表明:小组学习对学生之间相互交流产生了积极的影响。学生反馈说相对于独立工作,他们更喜欢合作性小组学习。在课堂上体验过合作学习方法的学生也展现出更强的学习动力,并对学校的认识也更为积极。

此外,在自然学科中开展小组合作学习,还可以提高科学探究活动的有效性,培养学生的合作意识、团队精神;通过小组之间的合作与竞争,激发学生学习科学知识的热情,培养科学技能,挖掘学习潜力,增大科学知识的信息量,使学生在互补促进中共同提高。具体意义如下:

1. 在小组合作中讨论争辩,激发学生的探究兴趣

在小组合作学习过程中,学生的思维呈开放状态,不同程度的思维相互碰撞,往往会引发创造的火花,从而开阔学生思路。针对一个科学探究课题,学生们往往会产生不同的见解、不同的思路,组内和组间的广泛交流,课堂上学生同伴群体的资源得到了充分重视。学生积极主动,合理有效地参与到教学过程中来,用心去体验合作的无穷魅力,用心去感悟集体的伟大力量,体验到了合作成功的快乐,激发了学习兴趣。

2. 在小组合作中解决问题，培养学生的合作精神

问题是教学的核心，是学生学习的出发点，学习中学生总是以"问题中心"的心理参与探究的过程。在小组合作中，学生面对的往往是个人力量所不能解决的问题，这也促使他们去寻求同伴的协助。在小组成员的互帮互助下，合作讨论、共同探究，尝试合作学习知识的乐趣，体验合作解决问题的喜悦。合作学习不仅使学生自己找出问题的解决方法，而且在探求知识的过程中加深对知识的理解，思维得到相互启发和训练，提高了语言表达能力、自学能力、分析问题能力、解决问题能力和团结协作能力。

3. 在小组合作中独立思考，提升学生的思维水平

在个人独立学习思考的基础上进行的合作学习才是有价值的合作学习，合作动机与个人责任是合作学习产生良好教学效果的关键。所以，在合作学习的过程中，以评价奖励作为调控手段，每个小组成员都会带着极大的热情参与其中：学习任务由大家共同分担，集思广益，各抒己见，人人各尽其能，这样问题就会迎刃而解，而且为每个同学提供学习机会，学生不再依附于小组中，个人的思维水平也会得到提升，为提高学生综合素质以及终身学习能力打下坚实的基础。

二、众人拾柴火焰高

小组合作学习要真正发挥作用，必须关注以下几个方面的操作。

（一）一个需要合作的问题

如果我们只需要一个小火把，那么一根柴火就够了，只有当我们需要高火焰的时候才需要众人去捡拾柴火。同样，当出现一个有价值的问题，需要进行科学探究时；当出现个人完成不了，需要几个人分工合作完成学习任务时，小组合作才凸显出它的重要性。所以，教师将《自然(牛津版)》五年级教材进行内容重组，在每个单元中设计几个主题探究活动，这些探究问题都需要通过小组合作来解决。教师通过布置有难度的任务，促使小组内每位成员都贡献一己之力，引导学生感悟到，要完成共同目标，每位成员都是不可或缺的，他们既要依靠其他组员，同时也对其负有责任，只有在这时，小组合作学习的条件才算成熟。

例如《电池提供电能》(第十册《4电的产生与利用》)一课，学生对电池的串联和并联的方法很感兴趣，但有些同学不知道连接方法，同时连接操作也需要小组分工合作

完成,教师就围绕"电池的串联与并联"设计了三个小组探究活动:"怎样连接电池能获得更多电能","电池并联与串联有什么不同","生活中的电池多用什么方式连接"。这三个问题学生靠"单打独斗"是无法完成的,在学习任务的驱动下,他们会主动与组内成员合作,共同完成学习任务,也体会到合作带来成功的喜悦。

通过学习内容重组,将更多的时间分配到师生互动、小组合作交流、实验等环节,使学生有更多时间进行动手操作,小组合作学习具备了充分的时间保障,学生有更多机会发言、相互补充、更正、辩论,从而促进学生合作能力的提升、思维的培养、智慧的发挥,课堂教学逐渐由讲授式教学向探究式学习转变,其功能也逐渐由传递知识转变为培养思维、激发智慧。

（二）和谁一起来解决

每个人捡拾柴火的本领是不同的,有的人力气大,能捡拾又粗又大的树枝;有的人力气小,只能抱回来一些细小的,但不论是怎样的柴火,都能使火焰烧得更旺!在自然学科中,学生的差异主要体现在知识基础、动手能力、探究能力、表达能力、学习兴趣等方面。通过和学生的访谈交流,结合班主任和历任自然老师的评价,教师发现大部分学生都对自然学科感兴趣,但在学习能力、学习态度和学习习惯上存在差异。教师将学生分为几种类型,在分组时根据"组内异质、组间同质"的原则组建4—6人学习小组,每种类型的学生分别组合（见表6-5）,形成"优势互补"并承担不同的分工,形成小组合作学习共同体。

表6-5　合作小组的成员组成及分工

学生类型	主要特点	分工	人数
自律协调型	有自我约束能力,与同学关系良好,有一定的组织协调能力,一般是班级里的小干部	组长,负责材料分发、协调	1人
善于表达型	喜欢自然学科,知识面广,善于组织语言表达自己或他人的想法,喜欢与他人交流	讨论后的汇报交流与评价	1—2人
细致入微型	虽然不善于表达,但观察仔细,认真细心,有时会有意想不到的发现	实验中的观察员、记录员	1—2人

学生类型	主要特点	分工	人数
动手操作型	对自然课兴趣浓，喜欢动手实验，积极思考，能在实验中提出自己的想法	实验中的设计师、操作员	1—2人

从班级角度看，虽然每个组内成员各有差异，但是全班各小组间各方面的能力基本上是平衡的。

（三）怎么样推进

在学生捡拾柴火的过程中，教师可以做些什么来鼓励他们？教师怎么帮助学生更快更多地捡到柴火，指导他们把柴火搭成火堆？我们用一堂自然课来说一说。

示例：《自然(牛津版)》第十册第一单元《人的遗传》

第一步：基于标准和学生差异，重组教学内容、设计课堂活动

在课题实施中，教师尝试基于课程标准和学生学习需求，做到"以学定教"。具体做法为：使用"预习本"作为教师和每个学生沟通的桥梁。在每个单元学习之前，请学生在自主阅读课文内容的基础上，写下"我想学"的内容，可以是课内的，也可以是课外的；还能对不理解的课文内容问问老师"为什么"。这个预习是小组活动，组员们一起看书、一起讨论交流、一起提问；而且，由于不同班级同组号使用的是同一本本子，还能看到其他班级同学写的内容，也能得到启发。

在教学本单元前，教师看了全体五年级学生写的预习本，发现学生之间的差异真的很大：大部分学生能根据书本内容来提问，例如"为什么我长得像父母"、"青春期会有怎样的变化"、"什么是基因、染色体和DNA"等等，教师就将这些内容作为上课的重点和难点，根据课程标准的要求设计教学活动；有些学生能写到课文之外的东西，例如"基因为什么有显性和隐性"、"血型是遗传的吗"等等，首先教师会在课堂上表扬这些学生——喜欢看科普书籍，知识面广、善于学习，然后会将这些问题的答案穿插在学习活动之中进行讲解；当然，还有一部分学生提出了一些和课文不太相关的问题，可见他们对于课文内容还不了解，所以教师在上课时也会更加关注他们。

基于学科课程标准和学生"预习本"中的内容，教师将本单元内容重组如下：

课时	学生兴趣点	主要学习活动
1+2	● 为什么我长得像父母? ● 为什么我是男生/女生? ● 双胞胎是怎么来的?	● 认识人的一些遗传性状。 ● 课内小组观察彼此的遗传性状、课后调查自己的遗传性状是遗传自谁? ● 认识"染色体"、"DNA"、"基因"的初步概念。 ● 小组模拟实验:生男孩还是女孩(认识随机事件的概率)。 ● 观看录像:人类受精过程、双胞胎的产生。
3+4	● 胎儿在妈妈肚子里是什么样子的? ● 青春期会有怎样的变化? ● 遗传病是怎么回事?	● 观看录像《子宫日记》片段,讨论胎儿生长、感悟妈妈的辛苦。 ● 重新按男女分组,阅读关于青春期的资料,讨论在青春期里的变化。老师分组和同学说说关于两性秘密的悄悄话。 ● 小组分享各自找到的关于遗传病的资料,交流遗传病的主要原因及症状,完成练习。

正是由于在课前通过"预习本"了解了学生的学习需求,所以教师设计的教学活动能更好地激发学生的学习兴趣。尤其是小组探究活动"观察遗传性状"和"生男孩还是生女孩",学生们个个兴趣浓郁,全体参与活动,课堂上留下了他们的欢声笑语;而按男女分组的"青春期"学习活动,也受到学生的欢迎,大家不会再因为和异性在同一个小组里而感到尴尬,老师和同学们说的悄悄话,也成了师生共同的小秘密,建立了融洽的师生关系。

第二步:引导组间竞争,增强小组合作的意识

好胜是学生特有的心理特征。抓住学生的这个特征,积极开展班级各小组间的竞争,不仅可以激发组内同学的学习动机,更能增强组内合作的凝聚力,培养团队精神。自己的努力与否和小组的成败休戚相关,小组内每个成员都应该努力去完成任务。如在探究活动《了解人的遗传特征》一课的学习中,在小组合作活动开展前,教师有意识地激发学生的小组竞争意识,提出了竞争的规则如下:1.纪律——哪个小组在活动过程中最安静、最有序;2.思考——哪个小组在探究活动中最有自己的想法;3.效率——哪个小组完成完整实验所用时间最短;4.参与程度——哪个小组的全员参与程度最

高。以上的竞争规则以活动的展开为线索进行制定，使学生活动有了约束，也使合作活动开展的有效性得到了明显的提高：课堂上学生分组观察自己的遗传特性，他们有的用镜子观察自己的遗传特征，有的十分乐意看看别人是双眼皮还是单眼皮、有没有耳垂、发际线的形状等等，同学之间也愿意向他人展示自己的"卷舌"本领和略有弯曲的小指。这次学习，老师没有刻意强调观察的要求，大家却在小组合作中进行了细致入微的观察，甚至发现了两个十分相像的双胞胎之间的不同之处。当然，只有规则却不执行是没有发展性的，所以在活动进行时教师会给予及时的评价，营造组内合作、组间竞争的良好氛围。在活动结束后的综合性评价中，师生依照以上规则进行评选，共同评出"纪律最佳组"、"思考最佳组"、"配合默契组"等，这使学生的积极性和小组合作学习的有效性得到了很大的提高，也为下一次有效的小组合作奠定了基础。

第三步：在小组合作学习中体验完整的科学探究过程

在小学自然课程中，科学探究是重要的学习方法。学生在经历"提出问题——做出假设——制定计划——使用工具和搜集证据——处理数据和解释问题——表达与交流"的探究过程中，不断地进行尝试和反思，学习基本的科学技能，获得各种情感体验，享受探索科学世界带来的喜悦。本单元探究活动"生男孩还是生女孩"就正好反映出这一点。在探究活动中，学生提出问题：生男孩还是生女孩的机会是均等的吗？他们通过阅读课文资料，做出假设：生男孩还是生女孩的机会是均等的，男女比例应该在1∶1。于是同学们开始讨论设计实验来证明自己的假设。通过小组讨论和组间交流，同学们共同设计了模拟实验：

两个塑料杯代表父母，橙色代表"母亲"，绿色代表"父亲"；两个半圆形塑料图钉代表染色体，橙色代表"X"，绿色代表"Y"。

● 实验步骤：

1. 在代表"母亲"的橙色杯中放入两个代表"X"的橙色图钉；

2. 在代表"父亲"的绿色杯中放入一个代表"X"的橙色图钉和一个代表"Y"的绿色图钉；

3. 分别从两个塑料杯中随机取出一个图钉。如果拿出的是两个橙色图钉，表示女孩；如果是一个橙色图钉、一个绿色图钉，则表示男孩。记录下得到的后代的性别。

4. 把图钉按原样放回塑料杯，再重复做步骤3若干次。计算"男孩"和"女孩"的比例。

接下来就是小组同学轮流实验,并记录每次试验的结果,收集实验数据。然后处理数据:计算男孩和女孩的比例,比较自己、小组和全班的比例,初步认识"样本容量大小"与概率准确性的关系。最后根据实验数据得出实验结论,并且畅谈实验中的感想。

这次设计的个人学习单是记录自己实验的数据(男孩或女孩,共重复5—10次),计算自己生男生女的比例;小组学习单是统计组员的数据,计算小组生男生女的比例;班级交流则是统计各个小组的数据,计算班级生男生女的比例,并利用数据处理软件绘制饼状图,直观展现生男生女的比例。

第一个班级在交流时,全班生男生女的比例正好是1∶1,同学们目睹了实验数据从自己到小组再到班级,比例逐渐接近1∶1的整个过程,潜移默化地认识了"等概率事件"和"样本容量"这些概率知识。第二个班级在交流时,就没有那么完美的数据了,并且男生比女生多了很多(主要是有一个小组的数据差异特别大)。这该怎么办?是得出"生男孩还是生女孩机会不均等"的结论,还是让学生硬生生接受"均等"的结论?教师当时的选择是:再重复做一次实验,这样这个班级的数据量是第一个班级的2倍。当第二次数据输入电脑后,统计软件马上得出了比例:1.115∶1,同学们都欢呼起来,老师立即请他们思考:为什么再做一次实验,比例就会改变,说明了什么?很多同学都回答说,因为数据越多得到的比例结果就越准确。

在讨论交流时,教师也遇到了许多有趣的问题。有些同学连续三四次实验结果都是男孩或都是女孩,他们对于男女比例1∶1就有些困惑。老师就请他们思考生活中有没有相似的实例。同学们马上想到了"小S连生了三个女孩,贝克汉姆连生了三个儿子",通过集体讨论,他们也明白了每一次实验都是独立的,相互并不影响,每次都有一半的可能是男孩,一半的可能是女孩,现实生活中我们也常看到连续生三个男孩或连续生三个女孩的事情,但这并不影响男女数量总比。有位同学提出我国第六次人口普查显示中国男女比例并不是1∶1,男比女多,与课堂得出的结论不符,教师首先肯定了他的质疑精神,然后和他一起探讨了影响男女比例的社会因素;课堂上还有一些可爱的同学问老师这次实验的结果会不会影响他们以后是生男孩还是生女孩,教师只能回答:你们以后生男孩还是生女孩也是随机的呀!

（四）做得怎么样

火把点燃了，它烧得旺不旺？学生在这个过程中有没有学会找柴火、捡柴火、堆柴火的技能？在共同完成任务的过程中他们有没有学到和他人沟通的方法？这些问题都需要通过评价来回答。而学生的合作是否成功与评价机制很有关系。要使小组合作学习的各项活动能行之有效地展开，必须建立合理的评价机制。

基于五年级学生爱玩游戏的天性，教师将热门游戏中惯用的"经验值＋升级"的方式引入到评价机制中，获得了良好的效果，受到了学生的喜爱。所谓的"经验值"就是将学生每一次完成学习任务的评价以分数的方式呈现，完成基本的学习任务获得的经验值较低，完成较难的任务则可以获得较多的经验值，如果是需要小组合作的任务，那么经验值是最高的。小组经验值就是将组内每个成员经验值加起来，经验值每满 1 000 就可以升 1 级，得到一颗星，星星最多的小组学期结束时还有额外奖励。

启用了这种评价方式以后，同学们在完成个人学习单的时候，小组成员会相互帮助，因为 6 个人的总分会成为小组"经验值"；在完成小组学习单的时候，大家分工明确，发挥每一位组员的优势，认真填写交流，因为小组的"经验值"会平均分给每个人成为个人的分数。在每个单元结束后，教师都会及时统计出每个小组的"经验值"，利用"小组学习星级榜"中的"活动经验槽"，学生可以直观地看到自己小组"经验值"的变化，并且每得到 1 000 的经验值就可以升 1 级，这种和学生们游戏中"升级"方式相似的评价模式，一经使用就吸引了学生的关注，加之"小组学习星级榜"是公开展示的，更激发了小组成员团结合作、共同参与学习活动的积极性。

除了经验值分数外，教师还利用多样的"头衔"来鼓励学生，例如"最佳沟通奖"、"配合默契奖"、"共同进步奖"、"集体智慧奖"等。通过鉴别评定小组学生的参与行为与效果，给予价值肯定，就可以引导学生在科学探究的道路上不断"碰撞、对接、融合"，就可以不断提高小组合作探究的积极性。当然，教师除对小组学习结果进行恰如其分的评价外，更要注重对学习过程中学生的合作态度、合作方法、参与程度的评价，要更多地去关注学生的倾听、交流、协作情况，对表现突出的小组和个人及时给予充分的肯定和激励，这样就可以起到事半功倍的效果。

三、火焰高要注意安全

开展小组合作学习还应当注意以下几个要点。

（一）依据学生差异明确小组分工

有经验的教师都知道，每个班级中往往都有一些优秀学生，他们具有较强的学习能力，既善于表达又能动手操作；同样，班级中还有些学生学习能力较差，上课自律性也欠缺，动手和表达都不擅长。当这些学生在某个小组中时，如果不明确分工，那么还是会出现优等生操纵小组活动的现象。所以，在分组后根据学生的差异来明确组内的分工就显得尤为重要。在教学过程中，教师可以先出示分工和要求：如"制作员"（有一定的动手能力）、"绘图员"（能把实验方案画下来）、"汇报员"（能把大家的发言作融合、进行小组汇报）、"观察员"（能仔细观察实验现象、读数精准）等等。然后要求学生在动手制作前先根据自己的特长做好分工，可以自告奋勇认领任务，也可以组内推荐、合理安排。这样既避免了优等生"全面包揽"的情况出现，同时让组内每位成员都有任务，共同参与到学习活动中来。只有分工明确，合作才能真正有效。

（二）采取多样化的小组合作模式

在小组合作学习过程中，教师可以提供丰富多样的合作模式来提升学生参与合作学习的兴趣。例如"独立—汇总"模式：小组先各自分工搜集资料或进行实验，然后汇总交流资料或实验数据，共同完成一个主题探究；"组内、组间自由组合"模式：根据学习任务灵活分组，6人可以分为"3＋3"、"2＋2＋2"、"4＋2"，或者班级成员按学习兴趣组成临时小组；"共同合作学习"模式：对于较高要求的探究活动，需要小组集体的智慧，组员共同设计实验方案、分工协作共同完成探究学习活动。

对于学习组长的选择，教师要注意不要指派，应由小组成员自己选择，也可以轮流担任；角色分工也不是一成不变，根据活动需要，以学生主动申报为前提，组内商量后决定，这样学生可以在不同的角色扮演中发展不同的能力。通过组内分工，学生承担了相应的职责，感到自己是活动成功必不可少的一员，从而培养了他们的合作意识。

（三）重视学生各项能力的有效发展

1. 注重锻炼学生的表达能力，教会学生善于倾听

教师可以要求每一位学生都要发言，并且让他们意识到自己的发言对小组合作学

习有着重要的作用。如《昆虫的生命周期》(第十册《动物的生存》)一课，每位学生都要描述自己观察到的昆虫，小组将这些不同昆虫按不同的生命周期进行分类，每一位成员的观察记录都是小组合作进行分类的基础。如此一来，原来不善于表达的同学意识到自己的发言也很重要，逐渐有了和大家交流的勇气，并感受到一起交流的乐趣；原来垄断发言的"优秀生"感到自己的发言并不能代表全小组，也渐渐地学会了倾听。并且在遇到他人的意见和自己不一致时，大部分学生会选择"倾听他人的意见，吸收合理的部分"，同学们逐渐学会在交流中取长补短，合作学习。

2. 注重提高学生的观察能力和动手能力

观察课和实验课是自然课中采用小组合作最多的课型，教师可以要求学生将观察到的现象和实验数据记录在学习任务单上。以往的任务单都是个人完成的，那么在小组合作学习中，教师就可以设计小组学习任务单来提高合作的有效性。例如《浮力》一课，小组学习单内容为记录每个人的测量结果，寻找共同处，分析原因得出结论。在实验操作时，组内成员相互帮助，认真观察实验现象。通过这种"个人＋小组"学习单的方式，不仅学生的观察能力和动手能力都得到了锻炼，同时也增进了小组成员间的合作与交流。

(四) 注重提升教师的教科研水平

在实施小组合作学习的过程中，教师的教材处理能力、课堂教学能力和科研能力都需要进一步提升。教研组可以通过观看微格视频、同伴互助听评课、集体教研活动等形式来"磨课"；学校可以聘请相关专家对教师的科研活动进行理论指导与点评。通过专家引领、同行互助、个人研究等具体且实在的方式，为教师搭建"行动"与"反思"的研究平台，推进教师的专业发展，提升教师的课程领导力。

后记

　　学校教育如何对待不尽相同的学生，让每一个学生能持续保持学习动机，这是当今学校教育必须面临的挑战。面对时代的要求，为了实现"适应差异、满足需求，提升每一位学生的发展品质"的办学目标，我们以变革学校教学组织形式为切入点，在课题研究的助推下探寻适应学生差异、满足每一位学生发展的长效机制。出版这本书的初衷是想把最近五年来学校所尝试的一些改革与探索，经历的一些挑战与机遇，体验的一些困惑与喜悦汇集起来，提供给所有和我们一样在教育第一线正努力探索的同行。我们期望实现智慧碰撞，更期望大家携手并进。

　　写书不是我们教师的强项，教师擅长的是在教育教学第一线实践教育意图，将教育理念自觉转化为教育教学行为，通过我们的一言一行去影响学生。因此，这本书不是学术著作，而是用行动研究的方式探讨问题：当一个个基础、需求、兴趣不同的学生进入我们的视野，我们该如何帮助他们找到前行的方向、发展的目标和努力的途径。因而，这本书是用教师的眼光去探讨教育的现实命题，是用负责的态度去表达改革的真实思想，是用纪实的笔法去记录课堂的重构组合——

　　写这本书，是回望五年中我们深深浅浅的脚步和内心深处的领悟，发酵再生、不忘初心，激励我们理性坚守、重新出发、继续前行！

　　感谢长期以来对我校课题研究和实践给予支持、鼓励和指导的专家：上海市浦东教育发展研究院顾志跃，上海市教育评估院陈效民，华东师范大学郄庭瑾、葛大汇、白芸、张敏，上海市教育科学研究院胡兴宏、杨四耕等老师，你们开放的思想、专业的视角以及坚持与一线教师对话的精神，将持续影响我们今后的教育改革历程。

本书是我校教师集体智慧的结晶，感谢参与本书编辑、写稿和改稿的教师：李倩、张豪、匡华伟、陆玮瑾、江敏、谭坚琦、杭艺、刘蓓芸、周敏、朱沁、王志华、沈笑虹、裔桂琴、蔺少亮、陈怡、葛剑敏、时秀杰、宗为华、冯颖、曹之薇、陆敏、赵佳珺、马建平、李艳云、齐越、黄莉、赵佳人、王文娇等，特别是怀孕后仍然坚持写稿的程宏老师，你们的智慧凝聚以及坚持投入的敬业精神，是影响学校教师团队专业成长的关键。

一百个学生，一百个世界；今天的努力，是为了成就学生的世界。不一定第一，但绝对唯一；今天的改变，是为了成为最好的唯一。

吴庆琳
2017 年 7 月 18 日于江宁学校